KB057995

나의 첫 마케팅 수업

초 보 마 케 터 의 핵 심 업 무 노 트

나의 첫 마케팅 수업

박주훈 지음

북바이북

이 책을 찾은 독자라면 아마도 이제 막 마케터라
는 직무를 시작하거나, 처음으로 마케팅팀을 꾸리려
는 누군가일 것이다. 사회생활 첫해부터 7년 동안 마케
팅 실무자로 지냈고, 이후 7년을 컨설턴트로 활동하면
서 마케터를 꿈꾸는 취업 준비생이나 이제 막 마케팅
을 시작한 실무자, 그리고 스타트업에서 마케팅 부서
를 처음 만드는 대표 등 마케팅의 시작점에 서 있는 다
양한 사람들을 만날 기회가 있었다.

때로는 멘토링, 때로는 컨설팅이라는 이름으로 마
주 앉아 이야기를 들을 때면 처음 마케터로서 직장 생

활을 시작했던 시절이 자주 떠올랐다. 마케터로 사회 생활을 시작했지만 마케팅을 전공한 적은 없었다. 경영학과에 개설된 '마케팅 원론' 수업을 교양 과목 삼아 들어본 것이 전부였다. 게다가 '웹 마케팅'은 이제 막 태동하고 있었기에 누군가에게 묻거나 배워서 할 수 있는 일도 아니었다. 설상가상으로 영업 부서만 있던 회사가 웹 마케팅이라는 분야를 이제 막 시작하던 시점이었기 때문에 '온라인 홍보팀'이라는 애매한 이름에 소속 또한 경영지원실 밑으로 되어 있었다.

무엇이라도 해야 했기 때문에 기술들이 먼저 눈에 들어왔다. 눈에 잘 띄는 배너 만드는 법이나, 클릭률을 높이는 제목 만들기, 검색에 잘 걸리는 키워드 조합하기와 같은 기술을 이런저런 방법으로 익혔다. 기술을 익혀서 실무에 바로 써먹는 재미는 생각보다 쏠쏠했다. 하지만 뭔가 핵심에서 벗어나 있다는 공허한 생각이 들었다. 마케팅의 잔재주는 늘었지만 그 활동들이 본래 목적과는 맞지 않는 듯한 느낌이었다. 그래서 한동안 마케팅이라는 제목을 단 여러 경영 서적을 탐독

했다. 통찰력 있는 사람들의 글은 많은 자극을 주었다. 그러나 여전히 내가 하는 일에 대한 명확한 방향을 잡기는 어려웠다.

일이 얽힌 실타래처럼 꼬이면 처음으로 돌아가라는 흔한 조언이 유익할 때가 있다. 처음이란 '본래의 의미를 찾는 것'과 '본래의 마음을 찾는 일'이다. 그래서 매년 『마케팅 원론』을 다시 읽으며 마케팅의 본래 의미를 찾아보려고 했다. 또한 마케터가 어떤 방식으로 일하는 것이 회사는 물론 개인의 성장에도 도움이 되는지 찾아보려고 했다. 모든 일이 그러하듯 '일하고 생각하는 방식'이 중요했다.

'일하는 방식'이란 생각보다 쉽게 습득할 수 없다. 일머리는 습관과 같아서 한 번 몸에 배면 굳어져 고치기 어렵다. 게다가 실무에서 일하는 방식은 모두가 기본이라고 생각한 나머지 아무도 이야기하지 않고 지나가기 쉽다. 신입사원이 되고 나서 무엇을 어떻게 해야 할지 몰라 당혹감을 느끼는 것과 후임과 일을 할 때 어디까지 가르쳐야 하는지 몰라 고민하는 것은 사실 같은 이야기의 다른 버전이다.

'생각하는 방식'은 세상을 바라보는 관점과 같다. 잘못된 선입견도 습관만큼이나 교정이 어렵다. 마케터에게는 마케터의 관점이 있어야 한다. 그러기 위해서는 마케팅의 탄생 이유와 목적을 알고 자신이 속한 조직에 필요한 마케터의 역할이 무엇인지 생각해봐야 한다.

마케팅을 처음 시작하는 누군가에게 약간의 길잡이가 되었으면 하는 바람으로 그동안의 시행착오를 정제해 이 책에 담았다. 예시와 에피소드를 녹였다면 좀 더 재미있는 글이 되었겠지만, 빠르게 보고 쉽게 정리할 수 있도록 군더더기를 최대한 없애려고 노력했다.

1장과 2장은 마케팅의 의미와 관점에 대한 이야기다. 실무 마케터가 일을 시작하기 전에 정리해야 할 일의 의미와 필요한 능력, 그리고 마케터가 되면 잊어버리기 쉬운 마케터의 시각에 대한 이야기를 담았다.

3장과 4장에서는 성과를 만드는 업무 방식과 기획 방식을 정리했다. 마케터로서 효율적으로 일하는 법을 고민하거나 기획과 실무를 어떻게 연결해야 할지 혼란

스러울 때 도움이 되었으면 한다. 특히 4장의 기획 부분은 마케팅 원론에서 이야기하는 마케팅 기획의 프로세스를 충실히 반영했으며 마케팅 원론을 접한 경험이 없어도 쉽게 이해할 수 있도록 했다.

마지막 5장은 사수 없이 외롭게 마케팅을 시작하는 사람을 위한 팁이다. 옆에서 누군가가 알려주면 쉬운 소소한 팁이지만 그럴 사람이 없다면 답답할 수 있는 몇 가지 내용을 추려 담았다.

모든 일에는 시행착오가 있다. 나의 부족했던 시절의 경험이 그 일을 시작하는 누군가의 당혹감을 조금이나마 줄여줄 수 있다면 그 가치는 충분하다고 생각한다. 정답이 되지는 못하겠지만 예제는 될 수 있을 테니 말이다.

끝으로 처음 마케팅을 시작하는 당신이 두려움보다는 기대감을 더 많이 가졌으면 좋겠다. 누구에게나 처음은 있다.

1장	마케터로 출근하기 전 생각해봐야 할 7가지

2장	내 안의 마케팅 감각 깨우기

3장	프로 마케터의 업무 기술 따라 하기	

| 4장 | 10단계로 이해하는
마케팅 기획 |

5장 — 마케터의 경쟁력을 높이는 / 가시 공부법

1장

마케터로 출근하기 전
생각해봐야 할 7가지

☺ ☺ ☺
MARKETING

마케팅이란
무엇일까?

마케팅이 처음이라면 가장 먼저 마케팅에 대한 자기만의 개념을 잡아야 한다. 사실 '마케팅'이라는 단어를 한 번도 들어보지 못한 사람은 거의 없다. 하지만 마케팅이 무엇이냐고 물어보면 마케터라는 직함을 달고 있더라도 '나는 마케팅은 이것이라고 생각한다'고 명확히 말하는 사람은 의외로 많지 않다. 많이 들어봤으니 당연히 그것에 대해 알고 있다고 생각해버리기 때문이다. 비극은 여기에서 출발한다(사실 대부분의 일이 마찬가지이긴 하다). 내가 하는 일이 무엇인지도 정확히 설명할 수 없는 사람이 어떻게 그 일을 제대로 할 수 있을까. 그래서 정신없이 일을 시작하기 전에 먼저 생각을 해야 한다. 마케팅이란 무엇이고 어떤 일인지에 대해 말이다.

학창 시절, 교과서가 학습의 기본이었던 것처럼 마케팅을 처음 접한다면 그 개념 역시 마케팅 교과서에서 찾는 것이 바람직하다. 마케팅의 아버지라 불리는 필립 코틀러는 『Kotler의 마케팅 원리』에서 마케팅이란 기업이 고객을 위해 가치를 창출하고 고객과의 강한 유대 관계를 구축함으로써 그 대가로 고객들에게 그에 상응하는 가치를 얻는 과정이라고 말했다. 교과서라고도 할 수 있는 이 책에서 마케팅을 이야기할 때 유독 많이 등장하는 단어가 있다. 바로 '고객'이다. 그렇다. 마케팅은 '고객에 관한 일'이다.

마케팅은 '고객 가치'를 창출하고, '고객 관계'를 구축하며, '고객 반응'을 얻는 일이다. 고객이 무엇을 원하는지 확인하고, 그들이 원하는 가치를 담은 제품과 서비스를 만들며, 그것의 가치를 잘 전달해서 구매에 이르게 하는 모든 일이 마케팅이라고 교과서에서는

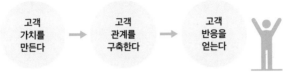

마케팅의 의미

고객 가치를 만든다 → 고객 관계를 구축한다 → 고객 반응을 얻는다

말한다.

　마케팅 담당자로서 첫발을 내디딘다는 것은 교과서적인 정의를 기반으로 자신만의 마케팅 철학을 갖추는 시작점에 서는 일과 같다. 마케팅 업무와 함께 마주하게 되는 일의 의미를 곱씹고 정의해보려는 자세가 뛰어난 마케터로 성장하는 밑거름이 된다.

　💬 마케팅이 무엇인지 스스로 정의해본다.

02

마케팅과 영업의
차이는 무엇일까?

　　대다수 사람이 마케팅과 영업을 혼동한다. 마케팅
과 영업은 어떤 차이가 있을까? 이 둘은 비슷하면서도
서로 다른 목표를 가지고 있다. 세일즈sales라는 단어
에서도 알 수 있듯이 영업의 목표는 많이 파는 것이다.
생산된 물건이나 서비스가 무엇이든 그것을 어떻게 잘
팔 수 있을지를 고민한다. 반면, 마케팅은 고객이 원하
는 것이 무엇인지를 먼저 생각한다. 차이는 여기에 있
다. 영업이 완성된 제품에 초점을 맞춘다면, 마케팅은
소비자에 집중한다.

영업과 마케팅의 관점

	초점	수단	목적
영업	제품	판매 / 판매 촉진	매출 증대를 통한 기업 이익
마케팅	소비자	통합적 마케팅	소비자 만족을 통한 기업 이익

따라서 영업은 회사의 제품을 하나라도 더 팔기 위해 노력한다. 더욱더 효과적인 유통망을 선점하고, 할인과 이벤트 등 프로모션을 통해 판매를 촉진하는 데 힘쓴다. 마케팅에서도 매출은 중요하다. 하지만 마케터는 먼저 시장이 요구하는 것이 무엇인지를 확인하고 이를 제품, 유통, 가격, 프로모션 활동에 적극적으로 반영해 기업 이익을 높이기 위해 애쓴다.

마케팅은 영업보다 포괄적이다. 반면 영업은 즉각적인 성격이 더 강하다. 영업 부서는 유통망을 구축해

• 『Kotler의 마케팅 원리』(시그마프레스, 2017) 제16판 13쪽의 판매 개념과 마케팅 개념의 비교를 재구성했다.

마케팅과 영업의 차이

고객에서
출발

마케팅

영업

상품에서
출발

제품을 팔고 그에 대한 성과가 직접적인 매출로 바로 나타난다. 반면 마케팅 부서는 소비자가 원하는 것을 파악해 개발 부서로 전달하고 적절한 상품 개발로 이어지도록 돕는다. 가격과 유통에 대한 전략을 세우고 광고와 프로모션을 집행하지만 직접적인 매출 창출은 영업 부서에 일임하게 된다.

- 영업은 완성된 상품을 팔아 직접적인 매출을 만드는 일에 집중한다.
- 마케팅은 소비자의 욕구를 확인하고 이를 반영한 이익 실현에 집중한다.

마지막으로, 교과서적인 관계에 따르면 영업은 마케팅의 하위 활동에 해당하지만 실무 현장에서는 이것이 명확한 서열이나 권한으로 적용되지 않는다는 점을 받아들일 필요가 있다. 영업은 마케팅 전략의 영향을 받지만 회사의 생존과 직결되는 매출을 만드는 활동이라는 점에서 매우 중요한 위치를 차지하기 때문이다.

> 💬 마케팅과 영업의 차이를 이해하고 함께 일하는 방식에 대해 생각해본다.

마케팅은 왜 생겼을까?

기업에서 기능은 필요에 의해서 생긴다. 기업은 가장 필수적인 기능을 먼저 갖추고 필요한 기능을 더하며 성장한다. 이와 같은 측면에서 생각해보면 최소한의 기능은 '생산'과 '판매'다. 그럼 마케팅은 언제 필요할까? 이 문제에 대한 해답은 생산자와 소비자의 역학관계에서 찾을 수 있다.

다음 그림은 기업의 패러다임 변화를 나타낸다. 경제학의 기본 원리인 수요와 공급에 대해서는 한 번쯤 들어봤을 것이다. 가격은 사려는 사람(수요)이 많으면 올라가고, 팔려는 사람(공급)이 많으면 내려가는데, 생

기업의 패러다임 변화

생산자 주도

소비자 주도

- 생산 중심
- 제품 중심
- 판매 중심
- 마케팅 중심
- 브랜드 / 관계 중심
- 기업의 사회적 책임

산자인 기업과 소비자인 고객 사이에도 동일한 힘의 관계가 적용된다.

공급이 절대적으로 부족한 시장이라면 기업은 생산에만 집중하면 된다. 소비자는 선택의 여지가 없기 때문에 물건만 있다면 알아서 살 것이다. 하지만 비슷한 제품을 생산하는 기업이 하나둘 늘어난다면 소비자에게 선택권이 생긴다. 그러면 소비자는 좀 더 좋은 제품을 찾으려고 하고, 기업은 경쟁에서 살아남기 위해 연구를 거듭해 더 나은 제품을 개발하려고 한다.

하지만 좋은 제품이라고 해서 언제나 소비자의 선택을 받는 것은 아니다. 품질은 좋지만 가격이 부담된다면 소비자는 적절한 가격에 구하기 쉬운 다른 제품을 선택하기 마련이다. 이때부터 중요해지는 것이 '판매'다. 판매가 기업의 주요한 패러다임으로 인식되면 기업은 소비자가 편하게 상품을 구매할 수 있도록 유통망을 마련하고 판매를 촉진할 수 있는 여러 수단을 강구하는 일에 집중한다.

제품과 판매에 대한 경쟁마저 비슷해지면 기업은 생산 패러다임 이상의 가치가 필요해진다. 잘 만들고 잘 파는 것을 넘어 고객이 원하는 새로운 가치를 만들어 제공할 필요가 생긴다. 이것이 마케팅 중심의 패러다임이다. 그런데 이렇게 경쟁이 치열해지면 소비자는 혼란스러워진다. 너 나 할 것 없이 당신에게 꼭 필요한 좋은 제품이라고 주장하는 광고들 사이에서 쉽게 결정하지 못한다. 이때 선택의 기준이 되는 것이 '브랜드'다. 큰 고민을 하지 않더라도 믿고 선택할 수 있는 기업과 제품이라는 '신뢰'를 주는 이름으로 기억되는 일, 다시 말해 브랜딩 패러다임이 생긴다.

마케팅과 브랜딩 패러다임은 결국 기업과 소비자의 관계가 근본적으로 변화한 것을 의미한다. 이전까지 기업에 소비자는 제품을 구매하는 대상일 뿐이었다. 소비자 역시 제품을 구매할 때 그것을 만든 기업이 어떤 철학을 가졌는지는 중요하지 않았다. 기업 입장에서도 제품 판매를 넘어 고객의 목소리를 듣고 관계를 형성할 필요성을 크게 느끼지 못했다. 그러나 마케팅의 시대부터는 다르다. 지금의 소비자는 '물건'이 아닌 '가치'를 산다.

오늘날 패션 업계에서 민감한 화두 중 하나가 환경

마케팅의 변화

마케팅의 역사 = 생산자에서 소비자로의 중심 이동

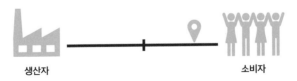

생산자　　　　　　　　　　　　　　　　소비자

오염이다. 매년 생산되는 옷과 신발이 6,000만 톤에 이르지만 이 가운데 70퍼센트는 팔리지 않아 버려진다고 한다. 생산 과정에서 발생하는 환경 오염도 심각하다. 전 세계 온실가스 배출량의 10퍼센트 가까이 차지하는데, 이는 항공과 해운 산업 배출량을 합한 양보다 많은 것으로 알려졌다.[*]

환경 오염을 자신의 문제로 인식하는 소비자가 늘어나면서 패션에 대한 소비자의 가치 기준도 바뀌고 있다. 그 대표적인 기류가 업사이클링 up-cycling이다. 업사이클링은 버려진 물건을 재활용해 새로운 가치를 만드는 활동을 말한다. 1993년에 설립한 스위스 가방 회사 프라이탁 FREITAG 은 타폴린이라는 방수천, 자동차 안전벨트, 폐자전거의 고무 튜브 등을 재활용해 가방을 만든다.[**] 수작업으로 완성될 뿐만 아니라 모두 다른 디자인을 가진 작품으로 인식되어 30만 원에 가까

---

[*] 조선일보, 「패션, 환경과 함께 갈 수 있을까」 (https://www.chosun.com/site/data/html_dir/2020/02/21/2020022100099.html).

나의 첫 마케팅 수업

운 고가임에도 큰 인기를 얻고 있다. 프라이탁이 소비자의 지지를 얻는 이유는 '의식 있는 소비'라는 가치와 맞물려 있기 때문이다.***

마케팅과 브랜딩 시대에 소비는 상품의 품질, 서비스, 철학을 넘어 기업의 도덕성과 사회적 책임까지 고려해 이루어진다. 소비자는 구매 행위를 통해 자신이 추구하는 가치를 표현하고자 한다.

> 🗨 기업의 패러다임 변화는 소비자와 기업의 관계 변화를 의미한다.

•• 위키피디아, '프라이탁' 관련 내용 인용 (https://ko.wikipedia.org/wiki/%ED%94%84%EB%9D%BC%EC%9D%B4%ED%83%81).

••• 이데일리, 「쓰레기로 만든 가방이 30만 원이라고?」 (https://www.edaily.co.kr/news/read?newsId=01203766622656200).

04   마케팅은 어디서부터
         어디까지일까?

앞선 마케팅 교과서의 정의대로라면 마케팅의 범위는 고객이 원하는 것을 찾아내 상품을 기획하고 고객을 설득해 구매를 권하는 것은 물론, 그 과정에서 형성된 고객과의 관계를 잘 관리하는 일까지 포함한다. 그런데 좀 이상하지 않은가? 일이 많아도 너무 많다. 제품 개발에 고객 설득에 관계 관리까지 하라니. 회사에서 하는 모든 일이 사실상 마케팅이라는 말과 무엇이 다른가.

사실 마케팅은 그런 것이다. 휼렛패커드˚의 공동 창업자인 데이비드 패커드는 마케팅은 매우 중요하기 때문에 마케팅 부서에만 일임할 수 없다고 말했다. 그리고 세계에서 가장 훌륭한 마케팅 부서를 보유했을지라도 다른 부서들이 고객 이익에 부합하지 못하면 마케팅에 실패한다고 이야기했다고 전해진다.[••] 다시 말해, 기업에서 마케팅이란 마케팅 부서만의 활동이 아니라는 것이다. 마케팅은 고객을 중심에 두는 기업의 자세와 활동 그 자체를 말한다고 할 수 있다.

마케팅 부서의 역할은 한마디로 정리하기는 어렵다. 회사마다 해야 할 일의 범위도 다르고 그 위상도 다르기 때문이다(이것과 관련해서는 뒤에서 자세히 다루겠다). 하지만 일반적으로 마케팅 부서의 존재 목적은 다음과 같다.

첫 번째, 마케팅 부서는 조직 내부에서 고객의 편에 서서 그들의 욕구를 조사하고 대변한다. 두 번째, 고객의 욕구가 제품과 서비스에 반영되도록 유관 부서와

• 미국의 컴퓨터 장비 회사. 'HP주식회사'로 더 많이 알려져 있다.
•• 『경영자vs마케터』, 알 리스·로라 리스 지음, 흐름출판, 2010.

협력하고 조율한다. 세 번째, 고객에게 우리 회사 제품과 서비스의 필요성을 알리고 설득한다. 네 번째, 구매 고객과 잠재 고객에게 긍정적인 기업 가치를 전달해 우호적인 관계를 유지하고 발전시킨다.

고객의 욕구를 조사하는 일은 '시장 조사'라고 부른다. 시장 조사를 통해 마케팅 부서는 새로운 제품과 서비스의 가능성을 가늠하고, 자사와 경쟁사 제품에 대한 고객 반응을 살피고 개선점을 발견하기도 한다.

그리고 이 과정에서 얻어진 정보를 바탕으로 유관 부서와 협력한다. 제품을 개발하는 개발 부서, 디자인을 하는 디자인 부서, 생산을 책임지는 생산 부서는 물론, 유통을 담당하는 영업 부서와 예산을 관리하는 재무팀과의 협력도 필요하다. 목적은 고객의 욕구에 부합하는 제품과 서비스를 마련하기 위함이다.

한편 완성된 제품이나 서비스가 아무리 고객에게 좋은 것이라고 하더라도 고객이 그 존재를 알지 못하거나 필요를 느끼지 못한다면 아무 소용이 없다. 그래서 '설득'이 필요하다. 마케팅 부서는 다양한 방법과 채널을 동원해 고객에게 제품을 인지시키고 설득한다. 우리가 흔히 이야기하는 광고나 홍보 혹은 최근에 등장한 소셜 마케팅, 콘텐츠 마케팅 등의 활동이 여기에 속한다.

마케팅의 중요한 기능 중 하나는 고객과의 관계 관리다. 단순히 제품이나 서비스를 판매하고 구매하는 관계를 넘어 고객의 지지를 얻고 사랑받는 기업이 되기 위한 것이다. 고객의 지지를 얻으려면 두 가지 조건이 충족되어야 한다. 목표한 고객이 지지할 만한 명확한 가치와 이상을 가져야 하고, 그 가치와 이상을 바탕으로 제품과 서비스를 통해 고객과의 관계를 지속적으로 발전시켜야 한다. 이것이 브랜딩이다.

앞의 내용을 정리하면 마케팅 부서의 일반적인 역할은 다음과 같다.

• 물론, 브랜딩의 중요성을 강조하는 쪽에서는 마케팅과 브랜딩을 분리해 말하기는 하지만, 이 책의 주제는 '마케팅'이기 때문에 마케팅의 범주 안에서 브랜딩을 설명하기로 한다.

1. 고객의 욕구와 시장의 욕구 조사.

2. 고객 욕구에 맞는 제품과 서비스 기획.

3. 고객을 설득하기 위한 광고, 홍보, 프로모션 진행.

4. 브랜딩을 위한 고객 관리.

물론, 이것은 어디까지나 일반론이다. 모든 회사의 마케팅 부서가 이 일을 다 하지는 않는다. 상품과 서비스 종류, 조직 특성에 따라 마케팅 부서의 역할은 커지기도 작아지기도 한다.

개별 제품의 판매가 중요한 조직의 경우에는 아무래도 광고와 프로모션과 관련된 일이 많고, 신제품 개발이 사업에 중요한 역할을 한다면 시장 조사에 좀 더 신경을 쓸 것이다. 그리고 같은 시장 조사라고 해도 때에 따라서는 그 역할을 개발 부서에서 담당하기도 한다.

일단 마케터로서 입사한다면 회사의 주요 마케팅 활동 범주가 무엇인지 확인하고 그에 맞는 마케팅 역량을 사전에 파악해야 한다. 그래야 입사 전에 생각했

던 일과 입사 후 주어진 업무가 달라 낭패를 보는 일을
피할 수 있다.

> ○ 마케팅은 고객을 중심에 두는 기업의 모든 활동이다.

마케팅에 필요한
업무 역량은 무엇일까?

마케팅 부서의 일이 회사마다 다르듯 마케터가 하는 일도 서로 다르다. 평소에 다양한 잡지나 뉴스 등을 분석해 새로운 시대 흐름을 파악하는 데 즐거움을 느끼고, 사람들의 소비 행위에 관심을 가지며, 소비 원인이 어디에 있는지 밝혀내는 일에 희열을 느낀다면 마케터로서 기본 소양은 충분히 갖췄다고 생각한다. 하지만 어떤 종류의 업무를 하느냐에 따라서 요구되는 능력이 달라진다.

시장 조사가 중요한 회사라면 설문지 작성이나 통계, 분석과 같은 리서치 역량이 필요하고, 제품과 서비스에 대한 사전 테스트나 소비자 반응 조사를 직접 하거나 관리할 수 있어야 한다. 또한 엑셀과 같은 스프레드시트 프로그램을 이용해 수집한 데이터를 분석하고 해석할 줄 알아야 한다.

마케팅 기획이 주된 업무라면 트렌드를 분석해 나름대로 해석하고 그렇게 얻어진 정보를 바탕으로 마케팅 콘셉트를 도출해 제품이나 서비스 혹은 마케팅 캠페인에 구체적으로 녹여낼 수 있는 역량이 필요하다. 또 기획은 새로운 일을 벌여 조직을 설득해 움직이는 일이기 때문에 기획서 작성과 프레젠테이션 기술을 평소에 연습해두면 도움이 된다.

광고와 홍보 문구를 직접 작성하고 아이디어를 내야 한다면 소비자의 문장을 수집하고 분석하는 습관을 들이는 것이 좋다. 경영학의 아버지로 불리는 피터 드러커는 좋은 광고는 내 이야기를 하는 듯한 느낌을 주는 것이라고 말했다. 소비자가 공감하는 카피copy는 결국 소비자의 말 속에 있는 경우가 많다.

브랜딩과 관련된 일이라면 영상이나 소설 속 다양

한 이야기에서 스토리텔링과 서사 구조, 상징 등이 어떻게 적용되는지 보고, 그것이 사람들에게 어떤 식으로 감동을 주는지에 관심을 가지면 좋다. 전설이 된 브랜드의 성장 스토리와 최근 사랑받는 브랜드의 어떤 부분에 소비자가 열광하는지를 살피고 벤치마킹해보는 것도 도움이 된다. 물론, 내가 속한 회사와 상품의 정체성에 대해 깊이 생각하는 것은 기본이다.

💬 마케팅 업무에 따라 필요한 기초 역량을 정리해보자.

1. 시장 조사: 조사 설계, 데이터 분석.
2. 마케팅 기획: 트렌드 분석, 기획서 작성, 발표.
3. 광고 및 홍보: 마케팅 글쓰기.
4. 브랜딩: 스토리텔링.

06

마케터가 갖춰야 할
기본 기술은 무엇일까?

마케팅은 업무의 종류는 다르지만 공통된 역량은 있다. 마케팅은 이성적이고도 감성적이다. 어느 정도 데이터를 다루고 고객의 마음을 움직일 줄 알아야 한다. 물론, 분야나 자신의 관심사에 따라 그 비중은 달라질 것이다.

마케팅 업무를 처음 시작한다면 아직 자신의 세부 전공을 결정하지 못한 학부 1년생이 전공 기초 과목을 배우는 마음으로 마케팅 실무에 필요한 기본 업무 기술을 익히는 것이 좋다.

먼저, 엑셀과 파워포인트는 손에 익혀두자. 마케

터에게 엑셀과 파워포인트는 요리사의 칼과도 같다(사무직은 대부분 그렇다). 데이터를 가공하고 자기 생각을 표현하기 위해 필요한 기본 도구이기 때문이다. 누군가는 파워포인트 무용론을 말하거나 폐지를 주장하기도 하지만 그것은 남용에 대한 경고이지 아이디어를 구조화하고 표현하는 것 자체가 쓸모없다는 이야기는 아니다. 엑셀은 기본적인 함수의 사용법을, 파워포인트는 마스터를 활용해 한 번에 슬라이드를 정리하는 방법과 같은 업무에 소요되는 시간을 줄일 수 있는 기능을 중심으로 익혀두면 좋다.

광고 문구를 다듬거나 디자인 시안을 기획하고 검수해야 한다면 포토샵과 같은 디자인 도구에서의 텍스트 수정법 등 아주 기초적인 내용을 알고 있으면 급할 때 유용하다.

디지털 마케팅은 이제 모든 마케팅의 기본 영역이 되었다. 따라서 페이스북, 인스타그램, 유튜브 채널과 같은 소셜 미디어 광고 계정에 대한 운영 원리와 디지털 광고 용어 등을 미리 살펴두는 것이 좋다. 또한 디지털 환경에 적응하는 데 두려움이 없도록 웹과 데이터 분석 관련 프로그래밍 언어를 평소에 익혀둔다면 남다른 경쟁력이 될 수 있다.

> ○ 마케팅에 필요한 기본 업무 기술을 정리해보자.
>
> 1. 기본 도구: 효율적인 엑셀과 파워포인트 활용 능력.
> 2. 광고·홍보: 디자인 도구(포토샵 등)의 기초 사용 능력.
> 3. 디지털 마케팅: 소셜 미디어 광고 관리 및 채널 운영 능력, 디지털 마케팅 용어에 대한 지식.

07

마케터에게
커뮤니케이션 능력은
왜 필요할까?

회사는 사람들이 모여서 일하는 곳이다. 여러 사람과 함께 일할 때 업무 실력만큼 중요한 것이 커뮤니케이션 능력이다. 자기 일만 잘한다고 해서 성과가 나는 것이 아니기 때문이다. 게다가 부정확한 커뮤니케이션은 함께 일하는 동료의 소중한 시간을 낭비하는 원인이 된다.

마케터에게 커뮤니케이션 능력은 무척 중요하다. 마케팅은 조직의 여러 부서에 고객의 욕구를 전달하고 설득해 함께 성과를 내는 일이다. 아무리 좋은 마케팅 기획을 가지고 있더라도 마케터 혼자서 할 수 있는 일은 거의 없다. 그래서 마케터에게는 외부 고객을 설득하는 것만큼이나 내부 고객을 설득하는 일도 중요하다.

마케터가 하는 커뮤니케이션의 바른 시작은 논리적인 표현에서 비롯된다. 고객에 대한 따뜻한 마음과 열정도 중요하지만 조직을 움직이는 이성적인 판단을 끌어내는 것은 설득력 있는 논리와 이를 뒷받침하는 객관적인 자료다. '뜨거운 가슴'과 '차가운 머리'는 마케터의 업무 생리를 잘 표현한 말이다.

마케터의 주장에는 왜 그렇게 생각하는지에 대한 명확한 이유와 그것을 뒷받침할 객관적인 근거가 있어야 한다. 여기에 필요한 논리적인 표현력을 익히려면 '컨설턴트의 보고서 작성 방법'을 참고하기를 권한다. 컨설턴트는 정보를 수집해 분석하고 압축해 논리적으로 설득하는 전문가다. 서점에 가면『로지컬 씽킹』이나『논리의 기술』과 같은 컨설턴트의 사고방식을 다룬 서적을 찾을 수 있다. 또한 논리적인 보고서 작성에 필요한 문서 구조화 예시를 모아둔 책도 많다. 대부분 내용은 대동소이하기 때문에 제목에 '기획서 작성법'과 같

은 키워드가 들어간 것과 컨설턴트의 사고방식 관련
책을 함께 구비해 2~3회 숙독한 후 손이 잘 닿는 곳에
두고 자주 꺼내어 보면 도움이 된다.

> 내부 마케팅에 실패한 마케터는 외부 마케팅에 성공할
> 수 없다.

1. 마케팅은 고객에 관한 일이다.

2. 마케팅은 고객이 원하는 것을 기업 활동에 반영해
   이익을 내는 활동이다.

3. 마케팅은 시장의 주도권이 기업에서 소비자로 이동
   했을 때 생겨난다.

4. 기업에서 이루어지는 마케팅은 고객을 중심에 두는
   모든 활동이다.

5. 마케터의 일은 시장 조사, 제품·서비스 기획, 광
   고·홍보·프로모션, 브랜딩, 고객 관리 등이 있으며
   회사가 추구하는 방향에 따라 달라진다.

6. 마케팅에 필요한 기술은 자주 사용하거나 시간을 아
   끼는 것 중심으로 익혀둔다.

7. 외부 고객과의 소통만큼 내부 협업을 위한 소통에도
   신경을 쓴다.

2장

─────────

내 안의
마케팅 감각 깨우기

☺ ☺ ☺

MARKETING

소비자의 시선에서
생각하기

마케팅은 기술이 아니라 태도에 가깝다. 조직에서 소비자를 일의 중심에 두는 태도가 몸에 배어 있는 사람이라면 누구나 마케터의 자질을 지닌 것이다. 소비자를 중심에 둔다는 것은 모든 감각을 소비자에게 맞추고 그들의 눈높이에서 생각하는 일을 의미한다.

마케터는 소비자와 연애를 하는 사람이라고 생각한다. 좋아하는 누군가를 만나면 자연스레 그와 그녀의 일거수일투족이 궁금해진다. 무엇을 좋아하고 싫어하는지, 무슨 생각을 하고 나에 대해서 어떤 감정을 가지고 있는지를 끊임없이 생각하는 것은 소비자를 향한 마케터의 마음과 닮았다.

애석하게도 좋아하는 사람의 마음을 속 시원히 열어 볼 수 있는 비법은 없다. 사람들은 상대방의 행동과 말투, 손짓과 표정, 그리고 취향을 통해 그 사람의 마음을 알아간다. 마케터가 소비자를 이해하는 방식도 이와 비슷하다. 그래서 마케팅 감각이란 소비자의 마음을 추정하는 능력이라고 할 수 있다. 소비자의 사소한 말과 행동을 놓치지 않고, 소비자의 욕구를 헤아리며, 그들의 취향에 민감하게 반응한다.

🗨 마케팅 감각은 소비자에 대한 관심에서 출발한다.

마케터가 봐야 할 것은
경쟁 상품이 아니다

세상에서 처음으로 컨베이어 벨트 시스템을 적용해 자동차 대량 생산에 성공한 미국 포드 자동차의 창업자 헨리 포드는 "만약 사람들에게 무엇을 원하냐고 물었다면, 그들은 더 빠른 말이 필요하다고 답했을 것이다"라는 말을 남겼다. 애플의 공동 창업자 스티브 잡스 역시 시장 조사는 쓸데없는 일이라고 자주 말했다고 한다. 지금까지 세상에 없었던 상품에 대해 소비자에게 물어보는 것은 어리석은 일이라는 말이다. 하지만 이 말을 시장 조사가 언제나 필요 없다는 뜻으로 오해해선 안 된다. 다만 그 방식에 유의할 필요가 있다는 의미로 받아들여야 한다.

일반적으로 소비자는 자신이 원하는 상품이 있더라도 그것을 경험해보지 않은 이상 설명하기 어렵다. 또 좀 불편하더라도 익숙해지면 익숙해진 대로 좋다고 여기는 경우도 많다. 그렇기 때문에 마케터에게는 질문에 앞서 관찰하는 자세가 필요하다. 말이 통하지 않는 부족의 생활양식을 연구하는 민속학자들은 몇 개월씩 부족 곁에서 그들의 생활을 관찰하고 문화를 이해한다. 마케팅에서도 민속학자들의 방식을 차용해 새로운 아이디어를 발견하기도 하는데, 이를 '민족지적 접근법ethnographic approach'이라고 부른다.

훈련된 관찰 전문가가 직접 고객의 생활 현장을 살펴보고 소비자가 말하지 않은 제품의 개선할 점을 확인한다. 국내 가전 기업의 혁신적인 제품 중에는 이 같은 방식으로 만들어져 히트 상품이 된 경우가 많다. 드럼 세탁기에 작은 문을 만들어 깜박하고 빠트린 양말 등을 세탁 도중에 추가할 수 있게 하거나 세탁기 위에서 애벌빨래를 할 수 있도록 빨래판 모양의 덮개를 추가한 아이디어 등은 이용자에 대한 관찰에서 비롯됐다.

　신입 마케터에게 서점은 소비자의 관심사를 눈으로 직접 확인할 수 있는 좋은 공간이다. 서점에서는 다양한 관심사를 가진 사람들을 구분해서 한눈에 볼 수 있다. 카페에서 커피를 마시는 사람이 어떤 커피를 선호하는지는 쉽게 확인할 수 있지만 그 사람의 관심사가 무엇인지는 애써 물어보지 않는 이상 확인하기 어렵다. 하지만 서점은 다르다. 주제별로 구분된 서가에 머무는 사람들의 모습에서 그들의 관심사를 쉽게 알 수 있다. 여행 서적 코너에 오래 머무는 사람이라면 여행에 대한 관심이 높을 것이다.

　마케팅 초심자라면 틈틈이 서점에 들러 사람들의 옷차림과 연령대, 성별 등과 함께 그들의 손에 들린 책의 주제를 관찰해보길 권한다. 예를 들어, 식음료 분야에 관심이 있다면 요리 코너에서 책을 고르는 사람들

• 디지털 데일리, 「45년 변화 없던 세탁기, 혁신은 어떻게 나왔나」(http://www.ddaily.co.kr/news/article/?no=133173)

을 관찰한다. 연령대는 어떻게 되는지, 어떤 가방을 들고 있는지, 입고 있는 옷의 특징은 무엇인지 살펴보자. 또 그 고객이 방금 관심 있게 보고 간 책들이 어떤 주제와 내용을 담고 있는지 읽어본다. 이런 습관을 들이다 보면 관찰한 내용을 바탕으로 그들의 생활양식을 유추할 수 있다. 단순히 정량적으로 정리된 고객 정보 속 성별, 나이, 직업 등이 아니라 입체적인 고객의 모습을 떠올릴 수 있다.

💬 소비의 발견은 관찰에서 시작된다.

소비의 이유를
생각한다

사람들은 소비를 통해 물건이 아니라 그 행위에서 발생하는 '가치'를 구매한다. 사람은 사회적 동물이기에 소비도 환경과 관계의 영향을 받는다. 어떤 소비가 가치 있는 소비인지를 결정하는 것도 마찬가지다. 따라서 마케터가 소비자의 소비 이유를 명확히 이해하기 위해서는 '무엇이 지금 더 팔렸냐'가 아니라 '왜 지금 그것을 사는가'에 대해 나름대로 해석해보려는 노력이 필요하다.

미국의 경제학자 소스타인 베블런은 그의 저서 『유한계급론』에서 경제학의 기본 가정인 '합리적 인간'을 부정한다. 사람의 소비는 그다지 합리적이지도 이성적이지도 않다는 그의 통찰은 훗날 '베블런 효과'로 불리게 된다. 베블런 효과는 과시적 소비의 발생 이유에 대해 설명한다. 소비자는 남들과 대비되어 우월감을 느끼기 위해 고가의 사치품을 산다는 것이다. 명품 소비에는 높은 품질에 대한 기대 이상의 욕구가 담겨 있다. 명품을 소유함으로써 사회적으로 우월한 지위에 대한 욕망을 표출할 수 있기 때문이다.

한편, 10~20대 또래 집단 사이에서 특히 유행이 도드라지는 원인으로 동질성을 통해 유대감을 찾으려는 심리를 들 수 있다. 대학에서 같은 학과 학생들이 동일한 디자인의 학과 점퍼를 함께 입고, 프로 축구팀을 응원하는 팬이 선수와 똑같은 유니폼을 구매해 입고 경기장에 가는 것과 같은 이치다. 같은 정서를 공유하는 데 똑같은 옷만큼 좋은 것은 없다.

그럼 장난감을 사는 성인인 키덜트Kidult* 의 소비에

---

* 아이Kid와 성인Adult의 합성어다.

는 어떤 맥락이 숨어 있을까. 단순히 철없는 어른들의 소비 생활이라고 치부해버리는 것은 마케터의 자세가 아니다. 키덜트의 소비에는 유년의 기억이 자리 잡고 있다. 로봇을 가지고 행복하게 놀던 추억일 수도 있고, 부모의 경제적인 사정으로 그것을 가질 수 없어 부럽고 서러웠던 기억일 수도 있다. 누군가에게 장난감은 어릴 적 나를 지켜주었던 영웅이자 맞벌이 부모님의 빈자리를 채워준 유일한 친구였을지도 모른다. 그리고 어른이 되어서도 장난감을 찾는 이유는 그 기억에 대한 환기 때문일 수 있다. 마치 하나도 쓸모없지만 여행지에서 사 온 기념품이 여행의 추억을 회상하게 하는 것과 마찬가지다.

그럼 생각해보자. 왜 크리스마스만 되면 사람들은 케이크를 사고, 11월 11일에 빼빼로를 사는 것일까. 마케터에게 중요한 것은 이에 대한 정답이 아니라 소비의 맥락을 해석하려는 노력이다.

💬 마케터는 소비의 맥락을 이해해야 한다.

소비자는 어디에서
무엇을 할까?

소비자는 물건을 사기 전에 몇 가지 과정을 거친다. 원하는 기능이 들어 있는지, 써본 사람들의 반응은 어떤지, 가격은 적당한지 등을 먼저 알아보기 마련이다. 이러한 과정을 마케팅 교과서에서는 정보 탐색 과정이라고 한다.

마케터는 소비자가 거치는 정보 탐색 경로를 훤히 파악하고 있어야 한다. 소비자가 구매를 위해 거치는 길목이 곧 소비자를 설득하기 위해 마케터가 서 있어야 할 곳이기 때문이다. 마케터는 소비자가 어떤 채널에서 어떤 정보와 이야기를 듣고 싶어 하는지를 파악해야 한다. 만약 소비자가 각 단계에서 구매를 결심할 만큼 충분한 양의 정보를 얻지 못하거나 자사 제품이 비교군에 노출조차 되지 않는다면 소비자는 다른 제품으로 눈을 돌리게 된다.

소비자의 길목을 찾는 과정은 생각보다 어렵지 않다. 지금은 대부분의 정보 탐색이 인터넷으로 이뤄지는데, 온라인 설문으로 직접 소비자에게 질문하거나 20명 내외의 모집단을 통해 정보 탐색 과정을 추적해볼 수 있다. 각 단계에서 어떤 정보를 원했는지, 어떤 메시지들이 눈에 띄었는지 기록하는 것만으로도 통찰력을 얻을 수 있다. 이렇게 파악한 경로를 기반으로 마케터는 고객 여정 지도customer journey map를 만든다. 소비자의 정보 탐색 경로를 바탕으로 마케팅 활동에 필요한 지도를 얻는 것이다.

고객 여정 지도는 소비자의 정보 탐색 과정 단계별로 소비자 행동을 정리하고 그 과정에서 소비자가 느끼는 감정을 바탕으로 과제와 해결 방안을 찾아보는 도구다. 예를 들어, 어떤 사람이 피트니스 센터에서 신을 신발을 구매하고자 한다면 소비자의 정보 탐색 여정을 다음과 같이 가정해볼 수 있다. 먼저 소비자는 피트니스 센터에서 다른 사람의 신발을 관찰한다. 그리고 자주 들어가는 포털 사이트에서 브랜드를 검색해 쇼핑 카테고리의 평점과 후기를 점검한 뒤, 구체적인 구매 사례가 담긴 블로그 찾아 탐색하고 이를 유튜브에서 영상으로 확인하려고 한다. 그리고 최저가를 찾아 구매하는 여섯 단계 절차를 거친다고 하자. 이때 각 단계에서의 만족 요인과 불만족 요인을 분석해 해결 방안을 마련한다면 소비의 길목을 효율적으로 관리할 수 있게 된다.

실무에서는 이 같은 과정을 약식으로라도 거칠 필요가 있다. 소비자는 그럴 것이라는 막연한 추측을 방지하기 위해서다. 내가 주로 사용하는 채널과 구매 경로가 소비자와 크게 다르지 않을 것이라는 막연한 생각으로부터 발생하는 오류에서 벗어나는 일은 매우 중요하다.

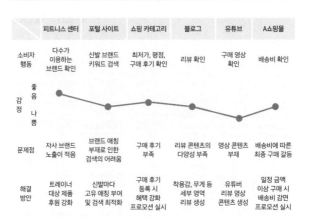

고객 여정 지도의 예시

	피트니스 센터	포털 사이트	쇼핑 카테고리	블로그	유튜브	A쇼핑몰
소비자 행동	다수가 이용하는 브랜드 확인	신발 브랜드 키워드 검색	최저가, 평점, 구매 후기 확인	리뷰 확인	구매 영상 확인	배송비 확인
감정 (좋음/나쁨)						
문제점	자사 브랜드 노출이 적음	브랜드 애칭 부재로 인한 검색의 어려움	구매 후기 부족	리뷰 콘텐츠의 다양성 부족	영상 콘텐츠 부재	배송비에 따른 최종 구매 갈등
해결 방안	트레이너 대상 제품 후원 강화	신발마다 고유 애칭 부여 및 검색 최적화	구매 후기 등록 시 혜택 강화 프로모션 실시	착용감, 무게 등 세부 영역 리뷰 생성	유튜버 리뷰 영상 콘텐츠 생성	일정 금액 이상 구매 시 배송비 감면 프로모션 실시

소비자의 구매 여정을 파악해보자.

소비자의 언어로
이야기한다

피터 드러커는 소비자가 느끼기에 내 이야기를 하는 것 같은 기분이 드는 광고가 좋은 것이라고 말했다. 사실 광고뿐 아니라 회사가 소비자에게 던지는 모든 메시지는 그래야 한다. 제품에 대한 설명도 홈페이지에 있는 공지 사항도 소셜 미디어를 통한 메시지도 모두 소비자의 입장에서 만들어져야 한다. 하지만 현실은 그렇지 않아서 대부분의 광고나 기업의 메시지는 소비자에게 외면을 받는다. 여러 이유가 있겠지만 크게는 두 가지 측면에서 원인을 찾을 수 있다.

하나는 메시지를 만드는 사람이 내가 속한 회사의

물건을 팔아야 한다는 의무에서 자유로울 수 없기 때문이다. 유튜버나 블로거가 자신의 돈으로 직접 사서 써본 제품 리뷰가 회사의 제품 정보보다 소비자에게 환영받는 이유는 간단하다. 그들은 소비자의 입장에서 솔직하고 자유롭게 말하는 데 거리낄 것이 없다. 반면, 회사에 소속된 마케터이거나 광고주로부터 돈을 받은 광고 대행사의 경우에는 상황이 다르다. 제품을 잘 알려야 한다는 강박에서 벗어나기 어렵다.

또 하나는 지식의 저주 때문이다. 회사 내부의 기획자나 마케터는 제품에 대해 지나치게 많이 알고 익숙한 나머지 처음 제품을 접하는 사람이 어떤 정보를 가장 먼저 원하는지, 어떻게 이 제품을 바라보는지에 대해 무뎌진다.

이와 같은 간극을 좁히려면 백지상태로 소비자의 언어를 수집하려는 노력이 필요하다. 소비자의 언어를 수집한다는 것은 소비자가 제품에 대해 무엇을 기대하는지, 무엇을 먼저 생각하는지, 어떤 표현으로 평가하는지 확인하는 일이다.

가장 쉽게 시작할 수 있는 방법은 특정 주제에 특화된 온라인 카페나 SNS 모임 등의 인터넷 커뮤니티를 찾아 모니터하는 것이다. 그곳에서 소비자들의 생생한 대화를 관찰하고 수집해 분석하면 어떤 단어가 광고에 적절한지, 어떤 메시지를 소비자가 원하는지, 어떤 정보를 먼저 전달해야 할지에 대한 감을 잡을 수 있다.

💬 소비자의 언어를 통해 소비자를 이해하자.

06

광고가 아니라
이야기를 만든다

마케터는 이야기꾼이 되어야 한다. 아무리 훌륭한 제품이라도 왜 좋은지 말해주지 않으면 알 수 없다. 좋은 제품은 소비자가 알아서 찾아줄 것이라는 믿음은 환상에 지나지 않는다. 소비자는 제품을 둘러싼 사용자의 이야기를 통해 그것을 평가한다. 아무런 정보도 없이 상점에서 처음 제품을 본 소비자라면 외형과 스펙으로 성능을 가늠할 것이다. 그리고 제품 소개에 쓰인 여러 가지 문구를 통해 일차적인 정보를 얻고자 할 것이다.

하지만 이보다는 제품에 대한 여러 가지 이야기를

듣고 그 가치를 평가하는 경우가 많다. 온라인의 별점과 후기는 낯선 제품에 대한 선택의 두려움을 없애주는 가장 강력한 동인이다. 비록 일면식도 없지만 직접 사용해본 사람의 이야기가 선택에 큰 영향을 미친다. 오프라인 매장에서 호기심이 가는 물건을 앞에 두고 스마트폰으로 제품에 대한 품평을 검색하는 것은 무척이나 당연한 일이 되었다.

한편 소비자는 종종 제품의 품질보다 그것이 탄생하게 된 스토리에 더 큰 가치를 부여하기도 한다. 커피를 선택하는 기본적인 기준은 맛이겠지만, 어떤 소비자는 커피를 수확하는 과정이 얼마나 공정하고 착취 없이 이뤄졌는지에 주목하고 더 큰 비용을 지불하기도 한다. 공정 무역이라는 화두가 커피 선택의 한 기준으로 자리 잡게 된 배경이다.

이야기에는 힘이 있다. 같은 음식이라도 만들어지는 과정과 먹는 방법을 알고 먹으면 더 맛있게 느껴지는 것과 같다. 게다가 그렇게 알려진 이야기는 소비자들 사이에 회자된다.

제품 리뷰를 보면 재미있는 경향을 찾을 수 있다. 판매자가 써놓은 제품에 대한 소개가 구체적이고 친절할수록 제품을 구매한 사람들의 리뷰 역시 구체적이고 재미가 있다. 게다가 판매자가 잘 고른 감칠맛 나는 문장들이 마치 유행어처럼 소비자의 표현으로 전이되는 경향도 강하다. 그래서 마케터는 이야기꾼이 되어야 한다. 제품 자체에 대한 설명보다는 탄생 배경이나 그 제품이 적절하게 사용될 수 있는 상황을 이야기해주는 이야기꾼이 되어야 하고, 소비자들이 제품과 관련해 어떤 이야기를 하는지 예의 주시할 줄 알아야 한다.

💬 마케터는 이야기꾼이 되어야 한다.

07

다름에 집중해야
좋은 것이 된다

소비자는 제품을 비교할 때 보통 A보다 B가 더 좋다고 한다. 마케터는 소비자가 말하는 '좋다'의 의미를 잘 해석해야 한다. 소비자의 '좋다'는 개인의 취향으로 더 마음에 드는 것을 의미하거나, 선택하기에 더 나은 것을 뜻하기도 한다. 또한 객관적으로 성능이나 사양이 더 뛰어나다고 평가되는 것을 더 좋다고 표현하기도 한다. 그러나 마케팅의 세계에서 '좋은 것'은 경쟁 제품과의 차별점의 지닌 것이다.

소비는 취향의 영역이다. 그리고 취향이란 자신만의 선택 기준을 의미한다. 그래서 등수를 매겨 줄을 세울 수도 없다. 게다가 세상에는 똑같은 제품이 존재하지 않는다. 저마다의 특징을 가지고 있기 때문에 동일 선상에서의 비교가 애초에 불가능하다. 동일한 회사의 제품이라면 같은 외형에 용량만 차이가 나거나 색상이 다를 수 있고, 성분 등으로 소위 급 나누기가 가능하겠지만, 서로 다른 회사의 제품이라면 사실상 이와 같은 비교는 적절하지 않다. 그럼에도 불구하고 소비자가 두 제품 중 무엇이 더 좋다고 이야기하는 것은 A보다는 B가 가지고 있는 '다른' 무언가가 개인의 취향에 더 맞는다는 의미다.

좋다(X) → 다르다(O)

마케터는 경쟁사보다 '나은 점'이 아닌 '다른 점'에 집중해야 한다. 경쟁사와 확연히 다른 점이 소비자의 취향과 맞아떨어졌을 때 소비자는 그것을 더 좋다고 느낀다.

또한 마케터는 누구에게나 좋은 것을 경계해야 한

다. 어떤 소비자에게도 통할 수 있다는 믿음은 대부분 누구도 설득할 수 없는 결과를 낳는다. 모든 것이 좋다면 그만큼 특색이 없을 확률이 높다는 것을 기억하자.

💬 마케터는 더 나음이 아니라 남다름으로 승부를 걸어야 한다.

내 안에 숨겨진 마케팅 감각 깨우기 🔍 ⋮

1. 마케팅 감각은 소비자에 대한 관심에서 출발한다.

2. 소비의 발견은 관찰에서 시작된다.

3. 소비의 맥락을 이해하려고 노력한다.

4. 소비자의 구매 여정을 파악해 지도로 그려본다.

5. 소비자의 언어를 수집해 그들의 언어로 말한다.

6. 광고가 아닌 이야기를 만든다.

7. 더 나은 점이 아니라 다른 점에 집중한다.

3장

프로 마케터의
업무 기술 따라 하기

☺ ☺ ☺
MARKETING

성과 중심으로
생각한다

　　일본의 존경받는 기업가이자 '아메바 경영'으로 유
명한 이나모리 가즈오의 저서 중에는 『왜 일하는가』라
는 책이 있다. 제목만으로도 충분히 흥미로운 이 책에
는 일의 의미와 방식에 대한 저자의 철학이 담백하게
쓰여 있다. 지금 세대는 공감할 수 없는 부분도 더러
있지만 제목은 참 많은 생각을 하게 한다. 처음 일을
시작하는 마케터라면 스스로 이 질문을 던져볼 필요가
있다. 물론 이 물음이 '왜 회사를 다녀야 하는가?'를 의
미하지는 않는다. 그것은 이 책에서 감당할 수 있는 주
제가 아니다.

이제 막 일을 시작한 마케터가 있다면 지금 하는 활동이 회사의 마케팅에 어떤 의미가 있는지 생각해보라고 권하고 싶다. 처음 회사에서 일을 시작하면 대부분 주어진 일을 해내기도 버겁다. 주어진 일을 시간 내에 잘 해내는 것은 무척 중요하다. 반복적인 작업으로 업무가 손에 익은 뒤에야 전문성을 갖출 수 있기 때문이다. 하지만 그 가운데에서도 일의 목적을 놓쳐서는 안 된다.

회사에서 신입 마케터는 주로 SNS와 같은 채널을 관리하거나 프로모션을 진행하는 일부터 시작한다. 회사가 쇼핑몰을 운영해 직접 판매를 유도하는 일에 주력하는 경우는 그나마 고민할 것이 적다. 광고를 효율적으로 집행해 보다 많은 수익으로 증명하면 된다. 문제는 블로그 관리처럼 활동과 성과가 직접적으로 연결되지 않는 경우다. 이때 높은 확률로 마케터는 혼란에 빠진다. 생각해보자. 블로그를 잘 운영해 방문자 수가 늘어난다고 해서 그것이 항상 회사의 수익으로 이어지는 것은 아니지 않은가. 게다가 모든 마케팅 활동이 꼭 매출 향상을 위해 존재하는 것도 아니다. 그래서 '생각'이 필요하다.

마케터는 '마케팅 성과' 중심으로 사고할 수 있어야 한다. 마케팅 성과 중심의 사고란 내가 하는 마케팅 활동이 어떤 성과로 이어져야 하는지를 구체화하는 일이다. 동시에 내가 하는 활동이 회사 내에서 어떤 성과로 이어지는지 논리적으로 설명할 수 있는 능력을 갖추는 일이다.

이와 같은 사고방식을 강조하는 데는 현실적인 이유가 있다. 마케팅을 처음 하게 되면 눈에 띄는 것에만 주목하기 쉽다. 시장에 노출되는 광고나 카피를 잘 만드는 방법, 블로그 조회 수 높이기, 페이스북 친구 늘리기와 같은 기술들이다. 물론 새로운 마케팅 환경에 적응하기 위해 알아야 할 것들이지만, 이런 것들에만 집중하면 정작 중요한 본인의 존재 이유를 놓치기 쉽다. 마케터는 회사의 성과와 무관할 수 없다. 따라서 처음 마케팅을 시작할 때부터 '나는 왜 이 마케팅 활동을 해야 하는가?'에 대한 구체적인 답을 내놓을 수 있어야 한다. 그렇지 않으면 마케팅 활동의 존재 의미를 설명할 수 없고, 나아가 조직에서 나의 존재 가치를 밝힐 수 없게 된다.

잠깐 멈춰서 나의 현재 활동과 마케팅 성과 사이의 상관관계에 대해 생각해보자.

방향과 활동을
일치시킨다

마케팅 성과 중심 사고를 위해서는 먼저 올바른 방향과 적절한 속도에 대해 생각할 필요가 있다. 인도의 성자 마하트마 간디는 "방향이 틀리면 속도는 무의미하다"고 말했다. 아무리 어떤 일을 열심히 해도 애당초 원하는 것과 거리가 멀다면 헛수고가 될 수 있다는 말이다. 마케팅의 첫걸음을 유의미하게 내딛고 싶다면 먼저 '방향'을 생각해봐야 한다.

회사의 활동은 여러 층위로 이루어져 있다. 그중 방향과 관련된 부분이 미션, 비전, 전략이다. 미션은 회사의 존재 이유다. 미션을 보면 그 회사가 무엇을 하기 위해 만들어졌는지 알 수 있다. 비전은 미션을 달성하는 과정에서 이뤄야 할 미래의 모습이다. 전략은 미션을 달성하기 위한 방법이다. 그리고 이러한 활동의 과정에는 판단 기준이 필요한데 이것을 경영에서는 핵심 가치라고 부른다.

모든 조직에는 미션과 비전이 존재한다. 어디로 어떻게 가야 하는지에 대해 고민하지 않는 조직은 없다. 다만 그 형태가 잘 다듬어져 명문화된 회사가 있는 반면 그렇지 않은 회사도 많다. 그것이 명확하든 그렇지 않든 간에 마케터가 미션과 비전에 주목해야 하는 이유는 그것이 마케팅이 추구해야 할 방향과 밀접하게 연관되어 있기 때문이다.

친환경 아웃도어 브랜드로 유명한 파타고니아의 미션은 '지구를 되살리기 위한 사업'이다. 그들은 불필요한 환경 피해를 최소화하고 환경을 보호하는 사업에 관심을 가진다. 파타고니아가 최고의 제품을 판단하는 기준은 기능이 뛰어나고 수선이 편하면서 내구성도 좋은 제품이다. 한마디로 한 번 사면 오래 쓰는 물건이다. 2011년 파타고니아는 미국 최대의 쇼핑 이벤트인 블랙 프라이데이에 자사 브랜드 재킷을 두고 "이 재킷을 사지 마시오Don't buy this jacket"라는 광고 메시지를 내걸어 화제를 모았다. 마케팅 캠페인이 회사의 방향성과 일치했기에 가능한 일이었다. 만약 마케팅 담당자가 판촉에만 신경 쓴 나머지 다른 기업과 마찬가지로 블랙 프라이데이를 겨냥해 대대적인 할인을 계획했다면 이 같은 창의적인 마케팅 캠페인은 탄생하지 못했을 것이며 파타고니아의 팬들에게 지탄을 받았을지도 모른다.

미션과 비전이 명확하지 않거나 낯설다면 회사의 경영 전략 문서에 주목하자. 대부분의 회사는 3~5년 사이의 중장기 사업 전략과 1년짜리 연간 사업 전략을 마련한다. 보통 이 내용은 연말이나 연초에 사내에서 발표하는 사업 계획에 들어 있다. 마케터는 가장 먼저 이 사업 전략 계획서를 꼼꼼히 살펴야 한다.

마케팅 전략은 사업 전략의 하위 전략이다. 마케팅 활동은 항상 사업 방향에 맞게 설계되어야 한다는 뜻이다. 사업 전략의 방향이 매출을 일시적으로 늘리는 데 있다면 당연히 마케팅 활동도 판촉 중심으로 전환되어야 한다. 같은 SNS를 운영하더라도 구매를 유도하는 메시지의 양을 늘리고 실구매자에게 더 많은 혜택을 주는 데 초점을 맞춰야 한다.

이처럼 조직 전체의 방향성과 개별 부서, 혹은 개별 활동의 방향이 일치하는 것을 경영에서는 전략적 정렬성alignment이라고 부른다. 회사의 방향성과 마케팅 활동이 전략적 정렬을 이루지 못한다면 헛된 노력이 될 가능성이 크다는 사실을 기억해야 한다.

나의 마케팅 활동은 회사의 방향성과 정렬되어 있는가?

03

핵심 활동에
집중한다

마케팅 방향에 어느 정도 확신이 들었다면 이제 '속도'를 생각할 차례다. 성과 중심 사고에서 속도는 많은 일을 빨리 처리하는 것이 아니라, 가장 핵심적인 활동에 집중해 효과와 효율을 극대화하는 것을 의미한다.

실무에 쫓기다 보면 표면적인 문제를 해결하는 데 급급해지기 쉽다. 당장의 문제 해결이 필요할 때도 있지만, 매번 수습만 하다 보면 일은 계속 늘고 성과는 제자리에 머문다. 『원씽』의 저자 게리 켈러는 남다른 성과를 얻으려면 도미노 효과를 만들어내야 한다고 말했다. 한 개의 도미노는 크기가 자신의 1.5배인 도미노를 넘어뜨릴 힘이 있다. 작은 움직임이 큰 파장으로 이어질 수 있는 핵심 활동을 찾아 첫 번째 도미노를 공략하라는 뜻이다.

이와 관련해 예시를 들어 생각해보자. '야경이 멋진 숭례문에 밤마다 새가 날아들어 배설물을 떨어뜨린다면 어떻게 하겠는가?'라는 질문에 대해 당장 생각해볼 수 있는 조치는 매번 새를 쫓아내거나 배설물을 닦아내는 일이겠지만 이것은 완전한 해결책은 될 수 없다. 이때 필요한 것이 '문제 해결형 접근 방식'이다.

문제 해결형 접근 방식은 문제의 발생 원인을 분석해 그 원인을 제거함으로써 해결하려는 접근법이다. 숭례문에 밤마다 새가 날아든다면 우선 그 원인을 생각해봐야 한다. 아마도 새의 먹이가 되는 나방과 같은 곤충이 모여 있기 때문으로 추측할 수 있다. 그리고 곤충이 밤에 숭례문에 모여드는 이유는 그들이 좋아하는 조명의 따뜻한 불빛 때문일 것이다. 새 배설물의 원인은 곤충에 있고, 곤충의 원인은 따뜻한 조명에 있다. 그렇다면 문제 해결을 위해서는 새를 쫓아내는 방법을 찾는 것이 아니라 곤충이 좋아하는 따뜻한 조명을 색상은 동일하지만 발열이 없는 제품으로 바꾸는 형식으로 접근해야 한다.

실무가 실타래처럼 얽히고 갈수록 의미를 모르겠다면 하던 일에서 한발 물러난 뒤 다섯 번 "왜?"라고 질문해보면 좋다. 꼬리에 꼬리를 물어 핵심을 찾는 것이다. '5Way 기법'으로 잘 알려진 이 방식은 경영 혁신으로 유명한 일본의 자동차 회사 도요타의 대표적인 문제 해결 방식이다. 다섯 번은 질문해야 진짜 원인을 찾을 수 있다는 생각이다. 마케팅 업무에 대한 접근도 이와 같을 필요가 있다. 마케팅 성과를 내기 위해 가장 필수적인 활동을 찾아 집중하려는 태도가 효과적이고 효율적인 마케팅을 만든다.

○ 나의 마케팅 활동은 핵심적인 일에 집중되어 있는가?

명확한 대상을 그린다

당연하게도 마케팅은 소비자를 대상으로 하는 활동이다. 그러나 모든 소비자를 만족시킬 마케팅은 존재하지 않는다. 상식적으로 모든 사람의 욕구가 같을 수 없고, 모두를 만족시킬 제품도 있을 수 없다. 더욱이 모든 사람에게 우리 제품을 권할 만한 충분한 예산과 시간을 확보하는 것도 불가능하다. 실무에서 선택과 집중이 필연적인 이유다.

마케팅은 충분히 매력적이고 접근 가능한 소비자층(보통 이것을 '시장market'이라고 부른다)을 찾아 우선 장악한 뒤, 그다음 공략할 시장을 찾아 점점 영향력을 확대하는 방향으로 움직인다. 전쟁에 비유하자면 전선을 처음부터 넓게 가져가는 것이 아니라 가장 해볼 만한 곳에 화력을 집중시켜 각개 격파 하는 것과 비슷하다. 그래서 모든 마케팅 활동에는 반드시 명확한 타깃 소비자가 필요한데, 이제 막 실무를 시작한 마케터가 소비자층을 명확히 구분하기란 쉽지 않다. 이때 명확한 대상에 대한 실전 감각을 높이려면 흔히 '고객 페르소나persona'라고 하는 가상의 고객을 그려보는 것이 좋다.

고객 페르소나는 대표적인 소비자의 모습을 구체적으로 표현해 만든 가상 인물이다. 나이, 연령, 직업 등의 인구 통계학적 기준은 평면적이다. 고객에 대한 상상력을 높이기 위해서는 실제 살아 있는 인물처럼 대상을 구체화해보는 것이 효과적이다. 소설이나 영화의 등장인물을 만들 듯 인물의 성격, 취미, 생활양식, 추구하는 목표, 자주 이용하는 매체와 교통수단, 소비 성향 등을 구체화해 하나의 프로필profile을 완성한다. 마치 미스터리한 사건 용의자의 신상을 추적하는 형사와 같은 자세로 말이다.

물론 이 작업이 상상으로만 이뤄져서는 안 된다. 머릿속으로 그렸던 예상 고객을 관찰하거나 만나 구체화하는 노력이 필요하다. 인터넷과 SNS가 발달하면서 고객의 관심사와 생활양식을 엿볼 기회가 늘어났다. 유사한 상품에 대한 피드백을 남긴 소비자의 블로그나 SNS를 방문하면 평소에 무엇에 관심이 있는지 확인해볼 수 있다. 만약 그와 비슷한 성향의 사람들이 모여 있는 온라인 커뮤니티가 있다면 방문해 어떤 대화가 오고 가는지 눈여겨보는 것도 많은 도움이 된다.

온라인 관찰로 예상 고객에 대해 어느 정도 확신이 들었다면 이제 오프라인에서 직접 고객을 만나보자. 매장에서 고객을 직접 관찰하거나 예상 고객 몇 명을 인터뷰해보는 것도 좋은 방법이다. 사실 고객을 직접 만나보는 것만큼 확실한 방법은 없다. 다만, 이때 자사의 제품이나 서비스에 대해 설득하기보다는 고객이 무엇에 관심이 있고 어떤 취향과 욕망을 가졌는지를 들으려는 자세가 더 중요하다. 마케터의 머릿속에서

고객의 모습이 선명해질수록 마케팅 전략도 날카로워

진다.

💬 명확한 대상이 명확한 전략을 만든다.

메시지의
우선순위를 정리한다

마케팅을 하다 보면 소비자들이 우리 회사의 일거수일투족에 반응할 것이라는 착각에 종종 빠질 때가 있다. 회사 블로그에 글을 하나 남기면 누구나 알게 되리란 기대감 말이다. 하지만 이것은 전적으로 착각일 뿐이다. 소비자는 수많은 마케팅 메시지에 동시다발적으로 노출되며 생각만큼 주의를 기울이지도 않는다는 사실을 기억할 필요가 있다. 출근하면서 지나쳤을 수많은 광고 중에 지금 기억나는 것이 얼마나 있는지 스스로에게 물어보자. 마케터인 나조차도 떠오르는 것이 거의 없을 텐데 소비자는 더 하지 않겠는가.

마케터가 광고 실무를 하면서 저지르는 초보적인 실수 중 하나가 너무 많은 메시지를 한 번에 담으려는 것이다. 지나치게 많은 이야기는 소음이 되고 만다. 소비자는 우리 제품에 대해 한 가지만을 기억하기에도 벅차다는 사실을 기억해야 한다. 중국 음식점의 전단을 예로 들어보자. 사람들이 중국 음식점을 찾는 이유는 다양하다. 가격 대비 푸짐한 식사를 기대하는 사람도 있고, 회식하기 좋은 메뉴와 장소라서 이곳을 방문하는 사람도 있다. 어떤 사람은 배달을 원하고, 특정 음식에 대한 입맛이 까다로울 수도 있다. 그런데 이 상황에서 "우리 중식당은 값싸고 모든 음식이 맛있으며 매장이 넓고 배달도 된다"라고 하면 어떤 인상도 남기지 못한다. 외려 '자장면 1,000원', '연회석 200명 수용 가능', '육즙 터지는 산더미 탕수육'처럼 구체적이고 명확한 메시지가 더 선명하게 기억된다. 마케터는 시장 조사를 통해 발견된 유의미한 소비자 요구 중에서 우리 제품이 남들보다 탁월하게 제공할 수 있는 하나의 가치에 집중해 최대한 명확한 메시지를 전달하려고 노력해야 한다.

마케팅 메시지가 복잡해지는 현실적인 이유는 내부에서도 찾을 수 있다. 제품을 만든 입장에서는 하나라도 더 알리고 싶은 욕심이 나는 것이 당연하고, 마케팅 실무자 입장에서는 이보다 난감한 상황이 없다. 이때는 우선순위를 합의해 기준을 만들면 도움이 된다. 고객에게 전달하고자 하는 장점을 쭉 나열하고 가중치에 따라 순위를 정하는 것이다. 그리고 그 순위에 따라 메시지에서의 비중을 결정한다. 경험상 1, 2, 3위까지 정해 1순위에 해당하는 메시지를 모든 마케팅 활동의 70퍼센트, 2순위를 20퍼센트, 3순위를 10퍼센트 비율로 정리하면 명확해진다. 예를 들어 광고 포스터를 만든다면 해당 지면의 70퍼센트를, 상품의 상세 페이지를 만든다면 가장 상단의 70퍼센트를 1순위 메시지로 채우는 식이다.

소비자는 하나의 메시지도 기억하기 어렵다는 사실을 명심하자.

06

과정 중심으로
생각한다

마케팅은 눈에 보이는 활동이다. 드라마틱한 결과를 냈거나 시장의 주목을 받은 마케팅은 언론과 업계에 회자된다. 하지만 어떤 결과가 만들어지려면 반드시 과정이 존재한다. 마케팅 실무자의 실력은 소위 잘된 마케팅의 결과보다 그 과정에 집착할 때 생긴다.

세상의 찬사를 받으며 밝게 빛나는 마케팅은 그저 그런 수준에 그치며 주목받지 못한 수많은 마케팅 활동의 짙은 그늘을 통해 만들어진다. 내가 시도하는 마케팅 역시 찬란한 빛보다는 어둠이 될 가능성이 더 높다. 성과를 얻는 일이 그리 쉽다면 괜찮은 마케팅에 열

광할 이유도 없을 것이다.

그렇다고 처음부터 의기소침할 필요는 없다. 세상일이 그러하듯 성공에는 어느 정도 운도 필요하며, 결과가 미흡한 이유가 항상 노력이 부족해서만은 아니다. 또한 마케팅의 결과가 좋든 나쁘든 간에 실무자는 노력을 기울인 이상 무언가를 얻어야 한다.

흔히 양에서 질이 나온다는 말을 한다. 많이 해보는 과정에서 수준도 높아진다는 의미일 것이다. 하지만 똑같이 많이 하더라도 어떻게 하느냐에 따라 얻어지는 실력이 다르다. 실무에서 마케팅 활동은 출발점과 도착점만 존재하는 빈 지도와 같다. 계획한 목표에서 얻어야 할 성과에 다다르기 위한 과정을 어떻게 설계하고 실행하느냐에 따라 결과가 달라진다. 설계 과정에서 성공 확률을 높이고 발생할 수 있는 변수를 사전에 감지해 통제할 수 있는 능력이 결국 실력이다. 그래서 실력 있는 마케터가 되기 위해서는 과정 중심으로 생각할 필요가 있다.

마케터의 기본기는 '과정 중심 사고'에서 출발한

다. 과정 중심 사고에 대해서는 다양한 정의가 있겠지만 여기서는 마케팅 과정이 어떻게 설계되어 있는지를 주목하고, 실무를 진행할 때도 일이 이루어지는 과정을 단계별로 구성하는 습관을 들이라고 강조하고 싶다. 단순히 SNS에서 광고를 집행하더라도 목표와 기대 성과를 두고 필요한 과정을 단계별로 그려보고 진행하는 것과 무작정 하는 것은 다르다.

쇼핑몰 마케팅 담당자가 인스타그램에 판촉 광고를 한다고 했을 때, 기존에 구매한 적이 없는 20대 여성 고객층의 구매 유도가 목표고, 이때 얻어야 할 성과는 일주일 이내에 실제 구매로 이어지는 횟수가 1,000건이 되는 것이라고 해보자. 목표와 성과 사이에 필요한 단계를 설계해보면 목표 조건은 20대 여성 비구매자의 즉각적인 구매 전환이고, 기대 성과는 일주일에 1,000회 결제다. 그렇다면 담당자는 먼저 신규 가입자를 위한 일주일 기간 한정 프로모션 쿠폰을 준비하고, 해당 메시지를 담은 광고 배너를 제작한 뒤, 인스타그램의 광고 관리자를 활용해 20대 여성으로 노출

대상을 지정한다. 그리고 쿠폰 사용자의 회원 가입 시 연령 정보와 사용된 쿠폰 수량을 통해 성과를 확인할 수 있다.

과정을 먼저 설계하고 업무를 하면 여러 가지 장점이 있다. 우선 성과가 기대에 못 미칠 때 단계별 변수를 조정해 결과가 어떻게 변하는지 알 수 있다. 또한 해당 업무가 어떤 구조로 이뤄지는지와 단계별로 필요한 재원과 시간을 확인해 일을 규모 있게 실행할 수 있다.

또 하나의 큰 장점은 벤치마킹을 할 때 발휘된다. 호사가들이 탁월한 마케팅 성과라고 결과에 주목할 때, 실무자는 그 과정을 하나하나 뜯어봐야 한다. 성공한 캠페인을 낱낱이 분해하고 그 회사의 광고 메시지나 웹 페이지, 광고 등을 하나하나 수집해 단계별로 재구성해보는 것도 실력 향상에 큰 도움이 된다. 특히 조직에서 한 번도 시도하지 않아 내부 사례를 구하기 어려운 새로운 마케팅 캠페인을 공부하고 이해하는 데 이 방식은 상당히 도움이 된다. 회의실의 큰 화이트보드를 활용해 단계별로 수집한 정보를 나열하고 나름의 캠페인 설계도를 그려보면서 전체 그림을 이해하면 더욱 좋다. 마치 자동차를 분해해보면 그 구조를 이해하는 데 큰 도움이 되는 것과 같다.

💬 나는 마케팅 활동을 과정 단위로 분석해본 적이 있는가?

07

A/B 테스트를
습관화한다

소비자에게 어떤 메시지를 노출하면 좋을지는 늘 고민이 된다. 명확한 목표와 대상이 있더라도 내가 만든 메시지가 소비자에게 의도한 대로 잘 전달되는 것은 다른 차원의 문제이기 때문이다. 이것은 실무 마케터가 수많은 광고와 디자인 시안을 두고 최종 결정을 하지 못해 갈등하는 이유이기도 하다.

이 불확실성에 어떻게 대응해야 할까. 혹시 회의실 테이블에 광고 시안 몇 개를 올려두고 직원 투표로 결정하고 있지는 않은가. 만약 그렇다면 한번 생각해볼 문제다. 마케터 입장에서 동료들이 그 산업 분야의 전문가이니 그들의 판단을 신뢰하는 것이 아주 잘못된 방향은 아니다. 하지만 전문가이기 때문에 소비자의 관점에서 벗어나기 쉽다. 늘 주의해야 할 지식의 저주 때문이다.

광고는 한번 집행되면 비용도 많이 들고 돌이키기 어렵다. 그나마 모바일이나 PC 광고의 경우에는 중간에 수정이나 교체가 가능하지만 처음부터 제대로 된 광고를 노출하는 편이 아무래도 좋을 것이다. 이런 이유로 마케터는 마케팅 메시지에 대한 제대로 된 사전 점검을 반드시 해야 한다. 이때 A/B 테스트를 활용하면 좋다.

A/B 테스트는 두 개의 다른 버전을 비교하는 것이다. 이것은 본래 웹 페이지나 애플리케이션의 구조나 기능을 변경하기 전에 사용자를 두 그룹으로 나눠 각각 다른 버전을 주고 반응을 살피는 작업을 의미한다. 가끔 페이스북 같은 SNS를 쓰다 보면 다른 사람과 나의 메뉴 배치 일부가 다르게 보일 때가 있는데 이것도 일종의 A/B 테스트다.

마케팅에서의 A/B 테스트도 이와 같다. 실제로 동일한 소비자 그룹에 속하는 일부 사람들을 오프라인에서 모으거나 온라인 설문조사를 통해 반응을 살펴도 된다. 이때 결과의 신뢰성은 테스트를 한 집단이 실제 소비자와 얼마나 유사한지에 따라 결정된다.

좀 더 효율적으로 결과를 얻고 싶다면 페이스북 광고 시스템을 활용하는 것을 추천한다. 페이스북 광고는 인스타그램과 연동되어 충분한 이용자를 보유하고 있다. 게다가 광고 시스템으로 매우 정교하게 타깃을 설정해 적은 비용으로 광고를 집행할 수 있다. 페이스북 광고를 활용해 목표 고객을 좁게 설정하고 A 시안과 B 시안을 각각 1만 원 정도의 적은 금액으로 몇 시간만 집행해보면 유의미한 결과를 얻을 수 있다. 그 결과에 기초해 시안을 결정한 뒤 광고를 집행해도 늦지 않는다. 마케팅은 창의적인 활동이지만 동시에 객관적이고 논리적이어야 한다.

마케터라면 스스로 소비자를 잘 알고 있다는 자기확신을 끊임없이 경계해야 한다. 소비자에게 던지는 메시지에 대한 확신이 없다면 주저하지 말고 소비자에게서 답을 찾자.

> 💬 나는 마케팅 메시지의 시안을 어떤 기준으로 결정하고 있는지 생각해보자.

08

과정을 기록한다

기록은 재산이다. 특히 처음 일을 시작하는 사람이 남긴 기록의 가치는 엄청나다. 처음 하기 때문에 모든 것이 새롭다. 업무에 익숙한 이들이 느끼지 못하는 관행에 대해 신선한 의문을 던질 수 있다. 마케터라면 더욱 그렇다. 신입 마케터는 아직 소비자와 생산자의 경계에 있다. 따라서 소비자의 시선으로 생산자의 현장을 살필 수 있다. 그래서 항상 노트를 지니고 다니면서 상사의 업무 지시뿐만 아니라 자신이 보고 느끼고 생각한 것들을 빼곡히 적어야 한다. 그것이 이후 실무자로서 성장하는 데 매우 큰 자산이 된다.

마케팅 캠페인을 진행한다면 그 과정에서 일어난 일에 대해 그때그때 기록으로 남길 것을 강력히 권한다. 오프라인에서 콘퍼런스 행사 하나를 치르더라도 기대했던 것과 다른 수많은 변수를 현장에서 발견하게 된다. 의자를 나르고 참가자의 명단을 확인하면서 몸으로 깨닫는 개선해야 할 사항이 보이기 마련이다. '명단은 신청 순서가 아니라 가나다순으로 정렬하는 것이 좋겠다', '콘퍼런스 중간의 휴식 시간에는 스크린에 간단한 공지 사항을 만들어 띄우고 음악으로 적막한 분위기를 전환하는 것이 좋겠다'와 같은 사소한 발견이 다음 업무의 완성도를 결정한다. 하지만 이러한 것들은 그 순간이 지나면 잊히고 마는 디테일이다.

어차피 나는 지금 누군가가 시키는 일을 하는 위치라 내가 개선할 수 있는 부분이 없다고 푸념하지 말자. 지금 그것을 바꿀 권한이 없고 상사에게 개선을 건의해봤자 소용없다고 해도 상관없다. 그렇게 적어놓은 기록은 나중에 실무 권한이 생겼을 때 써먹으면 되는 일이다. 게다가 아이디어는 숙성의 기간이 필요하다.

적어두고 틈틈이 읽어보면 충분하다.

끝으로 업무 과정을 기록했으면 하나의 업무가 끝날 때마다 평가하고 정리하는 습관을 가져보자. 팀 단위로 프로젝트에 대한 디브리핑을 하는 과정이 있다면 더할 나위 없겠지만, 그렇지 않다면 혼자서라도 이런 시간을 가지는 것이 필요하다. 일을 진행하면서 눈에 띈 개선할 사항을 점검하고 다음에 비슷한 업무를 맡게 되었을 때 어떻게 하면 좋을지를 기록한다면 누구보다 훌륭한 업무 멘토를 항상 품에 지니고 다니게 될 것이다.

💬 나는 항상 기록하고 점검하는가?

09

마케팅 자산을
관리한다

마케팅을 이벤트 활동의 연속으로 받아들인다면 매번 새로울 수 있겠지만 그만큼 쌓이는 것이 없다는 의미이기도 하다. 업무는 성과를 남기고 그 성과는 자산이 되어 쌓여야 한다. 월급 통장의 잔고가 매월 말 '0'이 된다면 한 달 한 달은 즐겁겠지만 미래를 계획할 힘이 되지는 못한다. 마케팅 역시 활동에서 얻은 성과가 다음 행보에 도움이 되지 못한다면 진정한 차이를 만들어낼 수 없다.

마케팅 활동에서 얻은 성과 중 축적할 만한 가치가 있는 것들을 '마케팅 자산marketing asset'이라고 부른다. 마케팅 자산은 다양한 방향으로 축적된다. 눈에 보이는 매출과 같은 유형 자산은 물론, 브랜드에 쌓이는 로열티나 실무자의 업무 노하우 등 무형 자산도 존재한다. 마케팅 성과의 대부분은 유형의 것으로 구체화되어야 하지만, 여기서는 실무자에게 필요한 자산에 대해 생각해보자.

기록과 피드백을 통해 얻을 수 있는 마케팅 업무의 무형 자산과 함께 마케터가 반드시 챙겨야 할 또 다른 자산은 '고객 자산'이다. 고객 자산은 마케팅하는 과정에서 얻게 된 고객에 관한 정보다. 직접적으로는 연락처, 주소, 성별, 나이 등의 정보로, 보통 고객 DB의 형태로 누적된다. 마케터는 특히 실구매자 DB 관리에 집중해야 하는데, 과거의 소비자가 다시 미래의 소비자가 될 가능성이 높고, 기존 구매자들이 남긴 평판과 피드백이 새로운 소비자의 선택에 가장 강력한 동인이 되기 때문이다. 따라서 마케터는 모든 마케팅 활동에서 고객 정보 수집을 1순위로 두어야 한다.

실무자라면 여기서 고객 자산의 범위를 조금 더

나의 첫 마케팅 수업

넓혀서 생각하면 좋다. 구매자뿐만 아니라 나의 마케팅 활동에 영향을 주는 모든 대상을 고객의 범주에 넣어 생각하는 것이다. 마케팅에서는 이를 종종 '이해관계자stakeholder'라고 표현한다. 교과서적인 의미의 이해관계자는 '고객 가치에 대한 아이디어가 제품과 서비스로 구체화되어 고객에게 이르는 각 과정에서 이해관계를 가지고 있는 사람'이다. 소비자는 물론 회사 내부의 유관 부서, 협력 업체, 유통사 관계자, 여론을 조성하는 사람을 포함한다. 실무에서 관심을 가져야 하는 이해관계자는 제휴 경험이 있는 당사자들이다. 공동 이벤트를 진행한 다른 회사의 담당자, 제품 리뷰를 의뢰했던 블로거와 유튜버 등은 물론, 한 번이라도 연락을 주고받고 일을 함께 진행한 경험이 있는 모두가 실무자의 이해관계자다.

이때 중요한 것이 관리다. 고객을 자산화하려면 판매 이후에도 이메일이나 문자 등으로 연락을 지속하는 것이 당연하듯 이해관계자도 그래야 한다. 함께 일할 거리가 있든 없든 상관없이 적어도 분기에 한 번 정도는 연락을 취해 동향을 파악하고 관계를 이어 나가는 것이 좋다. 필요할 때만 연락한다면 일이 원활하게 진행되기 어려울뿐더러 사무적인 관계 이상으로 나아가거나 발전적인 기획을 공유하기 어렵다. 고객과 이해관계자를 정리해 지속적으로 관계를 유지한다면 생각보다 든든한 자신만의 마케팅 네트워크를 구축할 수 있다.

꠲ 나는 마케팅 자산을 어떻게 축적하고 관리하고 있는지 생각해보자.

프로 마케터의 업무 기술 따라 하기 🔍 ⋮

1. 마케팅 활동이 회사의 구체적인 성과로 이어질 방법을 고민한다.

2. 마케팅 활동은 회사의 방향성과 일치시킨다.

3. 하면 좋은 일이 아니라 반드시 해야 할 핵심적인 활동에 집중한다.

4. 타깃 소비자의 모습을 구체적으로 그려본다.

5. 전달하고자 하는 메시지를 명확히 한다.

6. 마케팅 활동을 과정 단위로 정리해 규모 있게 진행한다.

7. 소비자를 대상으로 마케팅 메시지를 검증한다.

8. 실무를 기록하고 점검해 꾸준히 개선한다.

9. 자신만의 마케팅 자산을 축적하고 관리한다.

4장

10단계로 이해하는
마케팅 기획

☺ ☺ ☺
MARKETING

01 기획과 기획서 작성은
같은 일이 아니다

마케팅 실무와 기획은 동전의 양면과 같다. 마케터는 실무를 진행하기 전에 기획서를 통해 자신의 전략을 설명한다. 신입 마케터라도 언제까지나 시키는 일만 할 수는 없다. 자신만의 성과를 내기 위해서는 참신한 기획으로 회사를 설득하고 예산과 인력을 끌어올 수 있어야 한다. 그래서 기획서를 작성하고 발표할 일이 반드시 생긴다.

일찍 마케팅 분야에 흥미를 느낀 독자라면 공모전에 한 번쯤 관심을 가져봤을 것이다. 대부분의 공모전은 마케팅 기획서를 접수해 우수작을 뽑는 구조로 되어 있다. 그리고 그 기획서는 대략 일정한 형식을 가진다. 또한 대학 등에서 마케팅 강의를 들었다면 마케팅 기획서 만드는 조별 과제를 해봤을 텐데, 과제를 효율적으로 완성하기 위해 기획서를 한 부분씩 나누어 채운 다음 합쳐서 제출한 경험이 대부분 있을 것이다. 그렇다 보니 마케팅 기획을 정해진 양식의 기획서를 채우는 일로 오해하는 사람이 많다.

마케팅 기획은 단순히 인터넷에 검색하면 나오는 마케팅 기획서 양식의 빈칸을 채우는 일이 아니다. 숨은 고객 가치를 발견하고 그것을 어떻게 구체화하고 관리해 고객과 기업을 만족시킬지 설계하는 '생각의 과정'이다. 마케팅 기획서는 그 기획의 과정에서 얻은 결과를 설득력 있게 정리한 문서다.

마케팅 기획서의 양식이 비슷비슷한 이유는 보편적으로 이와 같은 흐름으로 정리하면 어느 정도 설득력을 갖추기 때문이다. 실무에서 마케팅 기획을 할 때는 그 형식에 지나치게 의존할 필요는 없다. 그보다 중요한 것은 기획의 흐름이 어떤 방식으로 진행되어야 하는지를 이해하는 일이다.

힘 있는 마케팅 기획은 외부 고객은 물론 예산을 지원하고 협업할 유관 부서를 설득할 만한 탄탄한 논리적 구조를 가진다. 또한 그 성과를 증명하기 위해 어떤 과정을 거치고 결과를 얻어야 하는지 명확한 방향을 제시할 수 있는 것이 좋은 기획이다.

💬 기획은 형식이 아니라 흐름이 중요하다.

잘된 마케팅 기획에서는
흐름이 보인다

마케팅 기획서를 쓸 때 가장 흔하게 저지르는 실수가 앞뒤의 맥락이 없는 경우다. 앞에서 진행한 분석 결과와 뒤에서 주장하는 내용이 연결되지 않아 왜 앞에서 그런 분석을 했는지 이유를 찾을 수 없고, 뒤에 도출된 결론이 어떤 근거로 나왔는지 알 수 없다면 그 기획이 통과될 확률은 지극히 낮다.

기획은 흐름이 중요하다. 서식에 얽매일 필요는 없지만 마케팅 기획의 흐름을 이해하기 위해서는 일반적인 마케팅 기획서의 양식이 왜 그런 순서로 구성되었는지 파악해보는 것이 도움이 된다.

마케팅 기획서의 형식은 조금씩 다르다. 여기서는 '환경 분석 → 전략 수립 → 전술 개발 → 실행 계획 → 예산 수립'의 단계로 구분하기로 한다. 환경 분석은 보통 거시 환경 분석과 미시 환경 분석으로 이루어진다. 전략 수립 단계에서는 STP로 불리는 시장 세분화, 목표 시장 선정, 포지셔닝을 통해 마케팅 콘셉트를 도출한다. 전술 개발은 4P로 불리는 제품product, 가격price, 유통place, 프로모션promotion의 적절한 조합을 의미한다. 실행 계획에서는 고객을 대상으로 마케팅 커뮤니케이션 계획을 마련한다. 끝으로 예산 수립은 소요 예산을 정리하는 단계인데, 편의상 마케팅 성과 평가에 대한 언급을 함께 한다.

이 다섯 가지는 서로 긴밀하게 연결된 마케팅 기획 과정의 요소다. 잘된 기획은 앞 단계에서 나온 결론이 그다음 단계의 근거가 된다. 한 장 한 장을 넘길 때마다 고개가 끄덕여진다. 그래서 결론에 이르렀을 때 '음, 그래서 이 기획을 실행할 필요가 있겠군!' 하게 된다. 마케터는 참신한 아이디어만큼이나 그것의 당위성

마케팅 기획의 흐름

환경 분석	거시 환경	미시 환경

전략 수립	시장 세분화	목표 시장 선정	포지셔닝
	마케팅 콘셉트 도출		

전술 개발	제품	유통
	가격	프로모션

실행 계획	마케팅 커뮤니케이션 계획

예산 수립	소요 예산	성과 평가 기준

을 논리적으로 끌어낼 수 있어야 한다.

이제부터는 위에서 나열한 다섯 단계의 마케팅 기획을 열 단계로 세분화해 기획의 흐름을 이해해보자.

💬 나의 마케팅 기획은 논리적인지 생각해보자.

1단계
우리는 지금
어떤 상황에 놓여 있는가

마케팅 기획은 환경 분석에서 시작한다. 모든 일은 주변 상황의 영향을 받기 때문이다. 집 근처에서 작은 장사를 시작한다고 가정해본다면 이해하기 쉽다. 제일 먼저 무엇을 생각할 것인가. 아마도 장사 아이템일 것이다. 아이템은 두 가지 요인에 의해 성패가 결정 난다. 장사에 성공하려면 해당 아이템이 사람들이 많이 찾고, 내가 잘할 수 있는 것이어야 한다. 이 중 사람들이 많이 찾는 요인을 파악하는 것을 '거시 환경 분석', 내가 잘할 수 있는 요소를 찾는 과정을 '미시 환경 분석'이라고 볼 수 있다.

거시 환경은 기업이 통제할 수 없는 장기적이며 커다란 사회 흐름이다. 인간은 사회적 동물이다. 개인은 자신을 둘러싼 여러 환경에 깊은 영향을 받는다. 소비도 예외일 수 없다. 마케팅 교과서에서는 소비에 영향을 주는 주요 장기적 요인을 사회적, 기술적, 경제적, 생태 환경적, 정치적 측면에서 분석할 것을 권한다. 이것을 다섯 분야의 첫 글자를 따 'STEEP 분석'이라고 부르기도 한다.

STEEP의 다섯 분야

- 사회적Social 환경: 인구 구조, 생활 방식 변화 (ex. 인구 고령화, 저출산)
- 기술적Technological 환경: 새로운 기술의 발견과 도입 (ex. 스마트폰의 탄생)
- 경제적Economic 환경: 경기 흐름의 변화 (ex. 대공황)
- 생태적Environmental 환경: 자연환경의 변화 (ex. 미세 먼지, 지구 온난화)
- 정치적Political 환경: 법적 규제 (ex. 도서정가제, 미국의 반독점법)

▎사회적 환경

마케팅에서는 사회적 환경 중 인구 통계적 변화에

먼저 주목한다. 시장 예측에 가장 기본이 되는 지표이기 때문이다. 인구 통계는 연령별 인구 분포와 성비, 지역별 규모와 밀도에 따라 소비 시장의 크기 변화를 가장 명확하게 보여주는 지표다. 마케팅에서 시장을 세분화할 때 가장 기본적으로 연령과 성비를 기준으로 구분하는 것도 이와 무관하지 않다.

사람은 누구나 태어나 성장하고 늙고 죽는다. 이 평범한 규칙에는 생각보다 많은 정보가 담겨 있다. 일정 연령대가 되면 진학을 하게 된다. 사춘기를 겪고 이성에 눈을 뜨며 성인이 되면 대학과 취업, 결혼, 육아 등의 보편적인 문제를 마주하게 된다. 나이가 들면서 건강에 신경 쓰는 시간이 늘어나고 자녀에 대한 고민이 많아지며 은퇴 준비의 필요성을 피부로 느낀다. 이와 같은 흐름을 흔히 '생애 주기'라고 한다.

보편적으로 인간은 비슷한 생애 주기를 겪는다. 그리고 생애 주기에 따라 필요한 것들이 다르고, 지출의 비중도 달라진다. 자녀 양육 시기의 부부는 3~4인 가족을 기준으로 식비를 마련하고 좀 더 넓은 집을 원한다. 자동차의 선택 기준도 가족 중심으로 바뀐다. 반면 자녀가 독립하고 은퇴를 준비하는 사람들은 전원주택을 꿈꾸거나 더욱 건강히 지내기 위한 소비를 늘린다. 이처럼 똑같은 사람이라도 생애 주기에 따라 각각 다른 시장의 소비자로 변모하게 된다.

▎기술적 환경

기술 혁신은 때때로 모든 삶의 방식을 바꾼다. 근래 마케팅 환경을 가장 급격하게 바꾼 사건을 딱 하나 꼽으라면 바로 스마트폰의 등장이다. 스마트폰은 우리 일상과 소비 방식을 바꾸었다. 소비 패턴과 채널이 바뀌면서 마케팅도 변했다. 온라인과 오프라인 마케팅을 구분하는 것이 무의미한 시대가 되었다. 디지털 마케팅은 모든 기업의 필수 요소가 되었고, SNS의 등장으로 기존의 광고와 미디어가 지닌 영향력은 인플루언서와 입소문 쪽으로 옮겨졌다.

▌경제적 환경

경제적 환경은 소비자의 구매력과 소비 패턴에 영향을 주는 경제적 요인을 말한다. 경제 성장률이 둔화하고 소득 양극화가 심화하면 소비에도 양극화가 나타난다. 사치품과 고가품에 대한 소비 시장과 가격 대비 성능이 좋은 상품을 찾는 '가성비 시장'이 동시에 커지는 반면, 어중간한 가격대의 시장은 입지가 좁아진다. 이것은 경제 성장이 둔화하면서 '다이소'와 같은 저가 생활용품이나 자라, 스파오, 유니클로와 같이 중간 유통 과정을 없애고 최신 유행과 빠른 회전율을 기반으로 한 패스트 패션Fast Fashion 브랜드가 등장한 배경과 무관하지 않다.

▌생태적 환경

자원 고갈과 환경 오염 같은 전 지구적 문제 역시 마케팅에 영향을 미친다. 자원 고갈은 제조 원가에 영향을 주며, 일상에도 큰 변화를 가져온다. 생수와 공기 청정기 시장은 환경 오염이 만들어낸 대표적인 사례다. 게다가 최근의 소비문화에서는 자연환경을 대하는 기업의 자세도 평가 기준이 된다. 예를 들어 폐기물을 재활용해 새로운 상품으로 내놓는 기업이 소비자에게 좋은 이미지로 인식된다.

▍정치적 환경

정부 규제와 같은 정치적 환경 역시 마케팅에 매우 중요한 변수로 작용한다. 정치적 합의에 의한 사업 규제는 게임의 룰을 바꾸기 때문이다. 미국의 반독점법은 특정 기업의 시장 독점을 규제해 가격 담합이나 다른 회사의 시장 진입 방해 등을 막는 강력한 법안이다. 국내에서는 도서정가제를 시행해 일정 기준 이하의 할인 판매를 금지하고 있는데, 문화 산업의 특수성을 인정한 일종의 산업 보호 정책이다.

마케팅 실무를 시작하는 시점에서 STEEP와 같은 거시 환경 분석은 다소 나와 동떨어진 이야기처럼 들릴 수 있다. 하지만 마케터는 소비 흐름에 민감해야 한다. 거시 환경의 변화는 흔히 '트렌드'라고 부르는 소비 흐름을 만들어내는 일종의 시그널이다. 따라서 미래 시장에 대한 자신만의 통찰력을 가지려면 거시적인 환경 변화에 대한 기사나 자료를 접할 때마다 이것이 소비에 어떤 변화를 가져올지 예측하고 상상해보는 것이 좋다.

> 🗩 마케팅 기획의 시작은 거시 환경의 물결 속에서 소비 흐름을 파악하는 것이다.

2단계
트렌드를 어떻게
이해할 것인가

마케팅 기획에서 거시 환경 분석은 시장의 흐름을 예측하는 기본 바탕이 된다. 앞서 살펴본 STEEP의 다섯 영역이 소비의 물결을 만드는 원인이라면 이를 바탕으로 형성된 물결의 실체가 트렌드다.

트렌드는 흔히 '유행'이라고 이야기하는데 마케팅에서는 이를 좀 더 나눠 구분한다. 유행은 1년 이내로 비교적 짧게 유지되는 변화로 영어로는 패드Fad라고 한다. 흔히 패션계에서 말하는 올해와 작년 여름의 유행을 생각하면 쉽다. 반면, 트렌드는 대략 5년 정도 지속되는 중장기적 흐름을 말한다. 이보다 길게 10년 이상 계속되는 흐름은 메가트렌드mega-trend라고 한다.

마케팅에서 트렌드는 소비 기조의 중장기적 흐름이다. 좀 더 건강하고 몸에 좋은 것과 삶의 질을 중시하는 웰빙well-being이나 공허함과 스트레스에서 벗어나 몸과 마음을 치유하고자 하는 힐링healing, 인생은 한 번뿐이니 현재의 행복에 집중하고 경험과 체험을 중시하는 욜로YOLO와 같은 흐름이 그렇다.

트렌드와 관련해서는 매년 수많은 책과 분석 자료가 쏟아진다. 해당 트렌드를 지칭하는 신조어도 끊임없이 생성된다. 실무 마케터에게는 새로운 트렌드에 관한 용어를 알고 관련 데이터를 가져다 쓰는 일만큼이나 트렌드를 제대로 파악하는 비판적인 자세가 중요하다. "최근 시장에는 ○○○가 트렌드라고 합니다"라고 넘어가버리는 분석을 특히 경계해야 한다. 이것은 마치 잘된다는 남의 말만 듣고 덜컥 큰돈을 들여 매장을 계약하는 초보 창업자와 다를 바가 없다. 설득력도 없고 더 이상의 통찰도 없다.

마케터는 트렌드를 분석해 마케팅 기회를 발견하

는데, 이때 실증을 통한 검증이 필요하다. 창업자는 상권을 분석할 때 지도와 데이터에만 의존하지 않는다. 직접 주변을 걸어보고 시간대별로 유동 인구를 살피고 어떤 사람들이 주로 다니는지를 확인해야 확신을 가질 수 있다. 마케터도 같은 과정을 거쳐야 한다. 먼저, 해당 트렌드가 생긴 원인이 무엇인지, 그 근거 자료가 객관적인지, 앞으로 얼마나 지속될지를 확인할 필요가 있다. 여기에는 앞서 정리한 STEEP 분석의 데이터들이 도움이 될 수 있다. 트렌드를 주도하는 매장이 있다면 직접 방문해 소비 행태를 관찰해보는 것도 많은 도움이 된다. 현장에서 해당 트렌드를 확인하는 과정을 통해 기획에 대한 통찰력과 확신을 얻을 수 있다.

마케팅 기획에서 트렌드라는 현상은 분석 대상이지 수용 대상이 아니다.

3단계
너와 나, 그리고
소비자는 누구인가

거시 환경 분석이 마케팅을 둘러싼 소비 지형을 파악하는 과정이라면, 미시 환경 분석은 나와 내 주변 관계자의 상황을 파악하는 일이다. 그러니까 미시 환경 분석은 마케팅 활동이라는 게임에 직간접적으로 참여하는 플레이어player들에 대한 분석이라고 생각하면 좋다.

마케팅은 종종 전쟁에 비유된다. 전쟁과 관련해 가장 유명한 격언이 있다면 『손자병법』의 "지피지기知彼知己, 백전불태百戰不殆"일 것이다. '적을 알고 나를 알면 백 번 싸워도 위태롭지 않다'는 뜻이다. 아무리 좋은 기회가 오더라도 내가 할 수 없다면 의미가 없고 이미 누군가가 공고히 기회를 선점하고 있다면 경쟁은 쉽지 않다. 게다가 많은 에너지를 쏟아붓더라도 결과적으로 얻을 것이 크지 않다면 하지 않은 것만도 못한 일이 된다.

거시 환경이 전장의 지형이라면, 미시 환경은 플레이어 간의 역학 관계다. 이 단계에서 마케터가 가장 먼저 분석해야 할 대상은 ①내가 속한 회사인 자사company ②경쟁사competitor ③고객customer이다. 나를 알고 적으로 알고 소비자를 알아야 한다. 마케팅에서는 이 세 가지 주체에 대한 분석을 3C 분석이라고 한다.

3C 분석을 통해 우리는 타깃 고객이 있는 시장에서 누가 우리의 경쟁자가 될 것인지 분별해 우리 회사와 타사의 경쟁력을 확인하고 어떻게 경쟁해야 할지를 고민한다. 따라서 분석 자체가 아니라 시장 상황과 서로의 전력을 객관적으로 확인해 전략의 큰 틀을 정하는 것이 목적이다.

3C 분석에서 고객에 대한 분석은 개별 시장market 현황에 대한 분석이라고 생각해도 좋다. 시장 분석은

보통 다음 세 가지 질문을 통해 도출한 나름의 결과다. ① 해당 시장이 현재 진입해도 좋을 만큼 충분히 큰가. ② 앞으로의 성장 가능성은 얼마나 되는가. ③ 시장 상황은 얼마나 성숙해 있는가.

시장의 크기와 성장성은 진입을 결정하는 매우 중요한 기준이 된다. 시장이 너무 작고 성장성이 없다면 굳이 들어갈 필요가 있는지 고민해야 한다. 반면 성장세가 두드러지는 시장이라면 점유율이 낮더라도 유의미한 이익을 낼 수 있다.

시장의 성숙도는 경쟁 방식을 결정한다. 지금 막 새로 생긴 시장이라면 진입이 쉽다는 이점은 있지만 그만큼 초기에 투자해야 할 것이 많고 불확실성도 크다. 아직 소비자에게 생소한 영역이기 때문에 시장 자체를 알리는 일이 더 중요할 수 있다. 일반적으로 시장이 성장기에 접어들었다면 주로 1위 선점을 위해 경쟁사와 본격적인 경쟁을 하게 된다. 반면 시장이 이미 안정기라면 상대와의 점유율 싸움으로 경쟁 방식이 바뀌게 된다.

경쟁사 분석은 주요 경쟁사의 현황을 파악하는 작업이다. 이 분석을 통해 마케터는 경쟁사들의 강점과 약점, 현재 시장에서의 점유율 같은 위치를 파악해 자사와 비교한다.

반면 자사 분석은 내부 경쟁력을 파악하는 일이다. 회사 내부의 인력, 기술력, 자금력은 물론 시장에서의 현재 위치 등을 확인해 객관적인 전력을 살핀다.

마케팅 실무에서 미시 환경 분석은 이해관계자 분석 관점에서 접근하는 것이 좋다. 회사 내 협조를 얻을 수 있는 유관 부서의 역량과 협력 업체 및 유통사는 물론 우호적인 언론사나 인플루언서와의 관계까지 함께 고려해 시장의 역학 관계에 영향을 줄 수 있는 핵심 요소가 무엇인지 확인하려는 자세가 필요하다.

🗨 승리하는 기획은 객관적인 전력 분석에서 나온다.

06

4단계
지금 우리에게 필요한
시나리오는 무엇인가

거시 환경과 미시 환경을 분석하는 이유를 한마디로 정리하면 '우리가 마주해야 할 시장의 상황을 분석하고 유리한 방향을 찾기 위해서' 정도로 생각해볼 수 있지 않을까. 마케팅 기획에서는 이와 같은 환경 분석의 결과를 외부 요인과 내부 요인을 기준으로 분류해서 한눈에 보기 편하게 정리하는 경향이 있는데, 이것을 SWOT 분석이라고 한다.

SWOT 분석은 내부 요인인 자사의 '강점Strength'과 '약점Weakness', 외부 요인인 '기회Opportunity'와 '위협Threat'을 평가하는 일이다. 마케팅 교과서에서는 '기업의 강점을 살려 매력적인 기회를 자사의 것으로 만들고, 약점은 제거 혹은 극복해 위협을 최소화하기 위한 분석 작업[*]이라고 설명한다.

문제는 많은 마케팅 기획서가 SWOT 분석의 각 항목을 나열하고는 자사의 강점과 기회 요인을 결합해 'SO 전략'을 실행하겠다는 식으로 결론을 내린다는 점이다. 이 부분은 한 번 더 생각해볼 필요가 있다. 항상 강점과 기회가 만날 수는 없는 노릇이기 때문이다. 때

SWOT 분석

강점 Strength	약점 Weakness
기회 Opportunity	위협 Threat

* 『Kotler의 마케팅 원리(제16판)』, 시그마프레스, 2017, 65쪽.

나의 첫 마케팅 수업

에 따라서는 강점과 위협이 만날 수도 있고, 약점과 위협이 부딪히는 최악의 상황이 올 수도 있다. 게다가 약점을 보완하고 위협은 잘 대비하겠다는 식의 막연한 이야기를 전략적 접근이라고 보긴 어렵다.

SWOT 분석을 할 때 단순히 강점과 약점, 기회와 위협 요인을 나열해서는 의미가 없다. 중요한 것은 해당 요인이 서로 맞물렸을 때, 어떤 대응과 계획이 필요한지 생각하는 것이다. 그래서 다음 페이지의 그림과 같이 우리가 가진 강점과 약점, 외부 기회와 위협 요인을 바탕으로 예상할 수 있는 네 가지 시나리오를 만들고 이 중 현재 상황에 가장 잘 맞는 전략이 무엇인지 고민하는 것이 SWOT 분석을 기획에 유의미하게 사용하는 방법이라고 생각한다.

지금까지 마케팅 기획의 시작인 환경 분석에 대해 알아보았다. 나를 둘러싼 환경을 알고 나와 경쟁자, 고객을 아는 것이 모든 기획의 첫걸음이다. 따지고 보면 환경 분석은 이제 기획을 시작해야겠다고 마음먹고 할

SWOT을 통한 전략 도출

	S (강점) Strength	W (약점) Weakness
O (기회) Opportunity	SO 전략 강점 × 기회	WO 전략 약점 × 기회
T (위협) Threat	ST 전략 강점 × 위협	WT 전략 약점 × 위협

일이 아니다. 현장에 있는 마케터라면 매일 접하는 정보를 기반으로 데이터를 축적하고 정리하는 일상적인 영역의 일이 되어야 한다.

💬 강점과 기회가 만나는 행운은 자주 찾아오지 않는다.

07

5단계
어떻게 선택하고
어디에 집중해야 하는가

『마케팅 원론』을 읽어봤거나 마케팅에 관심을 가진 사람이라면 STP라는 용어를 한 번쯤 들어봤을 것이다. STP란 시장 세분화Segmentation, 목표 시장 선정Targeting, 포지셔닝Positioning의 첫 글자를 딴 마케팅 용어다. STP는 마케팅 전략의 중심에 있다. 시장을 정의하는 일이 마케팅 전략의 가장 핵심이기 때문이다.

STP의 접근 방식은 이렇다. 먼저 '시장 세분화'를 통해 소비자층을 나름의 기준으로 구분한다. 이때 앞서 환경 분석에서 조사한 소비자 분석 자료를 토대로 진행한다. 흔히 시장 세분화의 기준으로 나이, 성별, 지역, 직업 등을 떠올린다. 하지만 이와 같은 요소는 기초적인 분류 기준일 뿐 새로운 시장을 찾거나 고객의 숨은 욕구를 발견하기에는 너무 평면적이다. 시장 세분화의 기준은 종종 새로운 시장의 발견과 연결되므로 마케터는 고객의 심리, 상황, 욕구 등을 기준으로 시장을 재정의할 수 있어야 한다.

시장 세분화를 통해 구분된 각각의 시장을 세분 시장market segment이라고 한다. 이때 하나의 세분 시장은 '마케팅 활동에 유사한 반응을 보이는 고객 집단'이어야 한다. 우리는 보통 해당 산업이나 상품의 카테고리를 세분 시장과 동일하게 생각하는 경향이 있다. 그러나 시장을 세분화할 때는 고객을 기준으로 분류한다. 똑같이 자기 계발 관련 책을 많이 읽는 사람이라도 읽은 책을 집에 보관하고 싶은 사람과 그때그때 필요한 정보만 취하고 책은 바로 처분하려는 사람을 같은 고객층으로 볼 순 없다.

나름의 기준으로 시장을 구분했다면 다음 단계에선 우선 집중할 하나의 세분 시장을 선택해야 하는데 이것이 목표 시장 선정(타기팅)이다. 목표 시장을 선정해야 하는 이유는 한정된 자원으로 모든 시장을 공략할 수 없고 모든 시장(소비자층)을 만족시킬 수 있는 제품도 없기 때문이다.

마케터가 목표 시장을 선정할 때는 세 가지 조건을 고려해야 한다. ① 구매력 ② 성장 가능성 ③ 접근 가능성이다. 구매력은 현재 시장의 크기다. 시장 크기가 너무 작다면 이익을 내기 어렵다. 성장 가능성은 향후 시장이 얼마나 커질지에 대한 가능성이다. 가능성이 큰 시장은 매력적인 투자처가 될 수 있다. 앞서 살펴본 것처럼 시장의 성장 정도에 따라 대응 전략도 달라지기 마련이다. 끝으로 현실적으로 접근할 수 있는 시장인지를 반드시 확인해야 한다. 아무리 그곳의 소비자층이 매력적이라고 하더라도 접근할 수 없다면 의미가 없다. 북한의 시장 잠재력이 크다고 해도 국내 기업이 진출할 수 없는 것과 같다.

시장을 세분화하고 그중에서 매력적인 시장을 선택하는 것은 마케팅 전략에서 누가 우리의 소비자인지 확인하는 일에 해당한다. 그런데 높은 확률로 그 시장에는 경쟁자가 이미 존재하거나 곧 등장하게 된다. 괜찮은 시장을 나만 알고 나만 차지한다는 것이 더 이상하지 않은가. 따라서 이들 고객에게 어떤 차별화된 가치를 제공할 수 있는지를 살펴야 한다. 이 가치에 따라 고객들은 우리와 경쟁사를 구분해 인지하게 되는데, 이를 포지셔닝이라고 한다. 포지셔닝은 차별화differentiation에서 시작된다. 마케팅의 성패는 경쟁사보다 더 좋은 제품과 서비스를 제공하는 것이 아니라 경쟁사와는 다른 가치를 고객에게 제공하는 일에 달렸다.

다시 강조하지만, 소비자는 종종 '다른 것'을 '더 좋은 것'이라고 바꿔 이야기한다. 그렇기 때문에 스마트폰 시장에서 삼성 갤럭시보다 애플 아이폰이 더 좋은 제품이라고 평가하는 것은 타당하지 않다. 두 제품은 같은 프리미엄 스마트폰이지만 제시하는 가치는 서로 다르다. 만약 모든 소비자가 일일이 두 제품의 스펙을 비교해 객관적으로 점수를 매겨 선택한다면 프리미엄 스마트폰 시장에서 두 경쟁자가 공존할 이유는 없다.

나의 첫 마케팅 수업

지금까지 STP의 세 가지 단계인 시장 세분화, 목
표 시장 선정, 포지셔닝에 대해 알아보았다. STP는 유
의미한 고객층을 찾아내 어떤 차별화된 가치를 제시하
고 새로운 수요를 창출해낼 수 있는지를 고민하는 마
케팅 전략의 핵심 과정임을 기억하자.

💬 시장 세분화 기준에 따라 새로운 시장이 발견되기도 한다.

08

6단계
힘 있는 콘셉트를 만드는
조건은 무엇인가

마케팅 기획에서 콘셉트는 마케팅 전략과 전술을 연결하는 교차점이다. 환경 분석과 시장 세분화, 목표 시장 선정, 포지셔닝의 과정을 제대로 거쳤다면 이제 어느 시장에서 어떤 차별점을 가지고 공략해야 할지에 대한 방향성이 분명해졌을 것이다. 하지만 방향성만 가지고는 실무로 이어지기 어렵다. 전략을 구체화하려면 명확한 콘셉트가 필요하다.

콘셉트 잡기는 전략적 방향성을 하나의 문장으로 구체화하는 작업이다. 마케팅에서 콘셉트는 또렷할수록 좋다. 두루뭉술하면 이도 저도 아닌 것이 되고 만다.

김근배 교수는 그의 저서 『컨셉 크리에이터』에서 콘셉
트가 소비자를 끌어당기려면 필요성과 차별성, 유형성
을 갖춰야 한다고 말했다. 좋은 콘셉트는 그 제품이 필
요한 이유를 소비자에게 이해시켜야 하고, 다른 것으
로 대체할 수 없는 차별성을 지녀야 한다. 그리고 그
가치를 소비자가 구체적으로 느낄 수 있어야 한다. 거
기에 가격 경쟁력이 갖춰지면 더할 나위 없다. 그래서
제품 콘셉트의 힘을 다음과 같은 수식으로 설명한다.

『컨셉 크리에이터』에서 말하는 콘셉트력

$$콘셉트력 = \frac{필요성 \times 차별성 \times 유형성}{가격}$$

이 수식에서 주목할 부분은 곱셈이다. 필요성, 차
별성, 유형성 중에 어떤 것 하나라도 빠진다면 콘셉트
는 힘을 잃고 만다. 소위 잘되는 기업은 소비자의 머릿

• 김근배, 『컨셉 크리에이터』, 한국갤럽조사연구소, 2011, 100쪽.

속에 또렷한 콘셉트를 남긴다. 스타벅스는 커피에 대한 필요성으로 출발했지만 매장을 집과 사무실 이외의 제3의 휴식 공간으로 차별화하고자 했다. 그리고 안락한 인테리어와 머무르기에 불편함이 없는 편의 시설, 그리고 녹색 컬러 디자인과 로고로 성공을 거두었다.

전략을 한 문장으로 응축한 것이 콘셉트라면 이것은 마케팅 전술과 구체적인 실행 단계인 4P, 다시 말해 제품, 가격, 유통, 프로모션 단계에서 해야 할 일과 하지 말아야 할 일을 결정하는 기준점이 된다.

콘셉트의 힘은 필요성, 차별성, 유형성의 곱이다.

09

7단계
마케팅의 도구를
조합한다

마케팅 콘셉트가 결정되면 마케터는 그것을 구체화한다. 이때 콘셉트를 구체화하는 데 사용하는 네 가지 통제 가능한 영역이 제품product, 가격price, 유통place, 프로모션promotion이다. 이 네 가지 영역을 마케팅에서는 4P라고 부른다. 그리고 마케팅 콘셉트에 맞춰 이 영역을 적절히 조합하는 일을 가리켜 마케팅 믹스marketing mix라고 한다.

제품 Product

'기업이 목표 시장에 제공하는 재화와 서비스의

묶음'이다. 단순히 제품 자체를 말하는 것이 아니라 품질, 디자인 요소, 브랜드 네이밍, 패키징은 물론 부가 서비스와 사후 관리 등이 포함된 것으로 고객이 느끼는 제품 경험에 대한 넓은 개념으로 이해하면 된다.

가격 Price

'제품을 얻는 대가로 지불해야 할 금액'이다. 하지만 이 역시 제품에 붙어 있는 가격이라고 보기보다는 '가격 정책'이라는 넓은 개념으로 접근하는 것이 좋다. 시기나 대상에 따른 할인과 할부, 보상 판매, 구독 등과 같은 가격 전략은 물론 고객이 원하는 가격대가 무엇인지, 경쟁사와 비교해 가격은 얼마가 적정한지 고민하는 영역이기 때문이다.

유통 Place

'목표 소비자가 제품을 편하게 이용할 수 있도록 하는 기업 활동'으로 정의할 수 있다. 쉽게 말하자면 고객이 해당 제품을 어떻게 구매하는 것이 최적인지 고민하고 적절한 유통망 개발과 재고 관리, 운송, 매장 위치 등의 구매 경로를 관리하는 일이다.

▍프로모션 Promotion

촉진이라고도 불리는데 '제품의 장점을 알리고 목표 고객이 자사 제품을 구매하도록 설득하는 활동'이다. 보통 이벤트와 광고, 판촉 할인 및 PR 등의 활동을 말하며 좁은 의미의 마케팅은 이 프로모션 영역에 해당한다.

▍마케팅 믹스 Marketing mix

'네 가지 영역(4P)을 적절히 조합하는 것'이다. 마케팅 믹스의 성공 여부는 기업이 통제할 수 있는 제품, 가격, 유통, 프로모션의 영역에서 표현하고자 했던 마케팅 콘셉트를 얼마나 일관성 있게 제시할 수 있도록 설계하느냐에 달렸다.

한편, 꽤 오래전부터 마케팅 학계에서는 4P의 개

넘이 고객이 아닌 판매자의 관점이라는 지적이 있었다. 마케팅 전략의 중심이 고객이라면 고객 입장에서 4P 개념을 다시 살펴야 한다는 것이다. 고객 입장에서 제품은 자신에게 제공해야 할 가치이고, 가격은 비용이다. 유통이란 구매의 편의성에 대한 영역이고, 프로모션은 판매를 유도하는 수단이 아니라 내가 사야 할 이유를 정확히 짚어줄 수 있는 활동으로 인식되어야 한다는 것이다. 그래서 기존의 4P 개념을 고객 관점의 4C로 전환해 생각해보는 일도 도움이 된다.

4P	4C
제품Product	고객 가치Customer value
가격Price	비용Cost
유통Place	편의성Convenience
촉진Promotion	커뮤니케이션Communication

💬 4P는 마케팅 콘셉트를 구체화하는 도구다.

10

8단계
무엇을 어떻게
말할 것인가

환경 분석에서 STP를 거쳐 마케팅 콘셉트를 결정하고 이를 바탕으로 4P에 대한 구상까지 마쳤다면 기획의 큰 틀은 완성된 셈이다. 방향성과 기준을 정했고 그것에 따라 제품과 가격, 유통과 프로모션에 대한 정책이 나왔으니 말이다. 하지만 마케터의 업무는 이제부터 시작일 확률이 높다.

제품과 가격, 유통에 대한 의사 결정이 끝나면 이렇게 만들어진 결과를 어떻게 소비자에게 효과적으로 전달할 것인가라는 숙제가 온전히 마케팅 담당자의 몫으로 남는다. 신입 마케터라면 이제까지의 과정은 상사의 몫일지도 모른다. 그럼에도 불구하고 앞의 과정에 대한 이해는 대단히 중요하다. 마케팅 콘셉트는 4P의 한 영역인 프로모션 단계에서 진행되는 이벤트 페이지, 광고, 제품 패키지 문구 제작 과정에서도 지켜져야 할 기준점이 되고, 이를 제대로 이해하기 위해서는 왜 이런 콘셉트를 도출하게 되었는지 그 배경에 대해 충분히 알 필요가 있기 때문이다.

마케팅 메시지를 구성할 때는 정해진 콘셉트를 기준으로 무엇을 이야기할지What to say, 어떻게 이야기할지How to say 순서로 정리한다. 이때 '무엇'의 내용을 정할 때는 3장에서 언급한 것처럼 메시지의 우선순위를 정리하는 것이 중요하다. 메시지에서 강조해야 할 것을 분명히 하고 하나의 캠페인에서 두 개 이상의 메시지가 전달되는 것을 경계해야 한다.

'어떻게how'는 마케팅 메시지의 표현 방식이다. 예를 들면 카피라이팅이나 광고 디자인, 영상과 같은 작업물이다. 일반적으로 마케터는 이 영역에서 디자이너와 같은 전문가들과 협업하게 된다. 이때 실무에 대해 조언을 하나 하자면 마케터는 디자인에 대해서는 비전문가라는 사실을 잊지 말자. 업무의 흐름상 마케터가 의뢰하고 디자이너가 작업하다 보니 확인confirm이라는 과정을 거치게 되는데, 이것은 일방적인 갑을 관계에서의 검수가 아니다.

실무 마케터는 자신이 전달한 의뢰서에 따라(보통 이런 작업은 의뢰서를 작성해 전달한다) 메시지가 우선순위대로 잘 표현되었는지 확인해야 하지만, 색상이나 서체를 자기 취향에 맞게 수정을 요구하는 식의 태도는 적절하지 않다. 전문가에게 디자인을 맡긴 이상 표현에 대한 설명을 듣고 그것이 시장에서도 통할지는 A/B 테스트 등을 통해 소비자에게 검증받는 것이 바람직하다고 생각한다.

아울러 '어떻게How'를 고민할 때는 마케팅 메시지를 노출할 개별 채널의 특성을 잘 이해하는 것이 중요하다. 같은 메시지라도 채널에 따라 그 표현 방식을 달리해야 한다. 옥외 광고의 경우, 광고 영역은 크지만 사람들이 스쳐 지나가기 때문에 메시지는 짧고 이미지는 커야 한다. 유튜브 채널의 30초짜리 광고라면 TV 광고와 같이 전형적인 형식을 취하기보다는 유튜브 이용자의 성향에 맞는 스타일로 만드는 것이 더 적합하다. 소셜 미디어의 경우는 배너 크기도 영상을 재생할 수 있는 시간도 제각각이다. 따라서 평소에 마케팅 채널의 특성을 분석해 정리해두면 표현 방식을 결정할 때 많은 도움이 된다.

💬 콘셉트와 메시지 사이의 일관성을 유지한다.

11

9단계
그냥 진행하는
계획이란 없다

고객에게 전달할 마케팅 메시지와 형태가 정해졌다면 다음 단계는 마케팅 커뮤니케이션에 대한 집행 계획을 세우는 일이다. 브랜드와 관련된 경우에는 몇 년씩 긴 호흡으로 가는 사례도 많지만, 보통은 3년 정도의 계획을 세우고 1년 단위로 성과를 평가해 연장하는 일이 많다. 반면, 신입 마케터는 시즌 이벤트나 캠페인을 위해 1~3개월 정도의 계획을 짜는 것이 일반적이다.

마케팅 커뮤니케이션 계획은 아이템과 일정으로 이뤄진다. 아이템은 개별 채널에 대한 광고, 경품 이벤트, 홍보 기사 노출, 론칭 행사 등 커뮤니케이션에 필요한 세부적인 사항이다.

마케팅 아이템을 정할 때는 5W1H(누가, 언제, 어디서, 무엇을, 어떻게, 왜)의 평범한 기준을 기억하는 것이 좋다. 하나의 마케팅 아이템이 실행되기 위해서는 담당자who가 정해져야 하고, 적절한 일정when과 채널where, 채널에 들어갈 이미지나 영상 등의 마케팅 자료what가 무엇인지 점검하고 노출 형태how를 결정해야 한다. 무엇보다 마케팅 아이템 하나하나가 기회비용인 만큼 아이템 선정에는 타당한 이유가 있어야 한다.

마케팅 커뮤니케이션 일정은 대게 갠트 차트 형태로 구성한다. 세로축에 해야 할 아이템과 세부 항목을 나열하고, 가로축에 날짜를 넣어 준비할 사항과 진행 일정을 한눈에 파악할 수 있도록 한다. 실무를 처음 진행하는 마케터에게 이 차트는 업무를 파악하는 데 좋은 이정표 역할을 한다. 만약 급하게 처음으로 어떤 일을 해야 하는데 과거에 진행된 비슷한 업무의 일정표가 남아 있다면 한눈에 업무 과정을 이해할 수 있다.

안타깝게도 참고할 만한 일정표가 없다면 자신의 업무 일정만이라도 꼼꼼히 정리해둘 것을 권한다. 엑셀과 같은 스프레드시트 프로그램으로 예상 일정을 기록하고 변수에 따라 수정해 정리하다 보면 일의 규모와 절차를 이해하는 데 큰 도움이 된다.

현업에 종사하다 보면 마케팅 커뮤니케이션이 타성에 젖는 경우를 종종 본다. 늘 해왔던 채널에 광고하고, 보도 자료를 뿌리고, 이벤트를 진행한다. 시간에 쫓기고 익숙하다 보니 생기는 타성이지만 바람직하지는 않다. 목표 고객에 따라 채널을 바꿔보고 마케팅 콘셉트에 따라 새로운 것을 시도할 필요가 있다. 이때 왜why를 고민하는 태도가 필요하다. 지금 이 마케팅 커뮤니케이션이 필요한 이유가 무엇인지 점검해보는 것이다.

Ⓠ 마케팅 커뮤니케이션의 아이템과 일정을 관리한다.

12

10단계
성공의 기준을 세워
날카로움을 만든다

모든 활동에는 비용이 들기 마련이다. 직접적인 광고비는 물론, 마케터가 시간을 들였다면 그것 역시 기회비용이 된다. 마케팅에서 전략을 고민하는 이유는 분명하다. 한정된 자원으로 최대 효과를 거둬야 하기 때문이다. 마케팅 커뮤니케이션 아이템을 선정하다 보면 소요 예산을 산정할 수 있다. 때에 따라서는 정해진 총예산에 따라 계획했던 아이템을 덜어내야 하기도 한다. 마케팅 기획에서 예산 산정은 바로 이 고민을 하는 단계다.

비용과 마주하면 대게 사람들은 이성적으로 변한

다. 한층 차분해진 마음으로 계산기를 두드리듯 예산 산정 과정에서 마케터는 마케팅 활동과 성과 사이의 적정성을 한 번 더 고민하게 된다. 따라서 단순한 소요 예산뿐만 아니라 해당 기획의 성과를 확인할 수 있는 기준을 함께 세울 필요가 있다.

일의 성과를 측정하는 기준에는 여러 가지가 있겠지만, 보통 성과 관리 분야에서는 KPI가 기준이 된다. KPI란 Key Performance Indicator의 약자로 '핵심 성과 지표'라고 불린다. 마케팅에서의 KPI는 구매 전환율, 이메일 오픈율과 같은 직접적인 것부터 브랜드 인지도 상승률과 같은 간접적인 지표도 존재한다. 구매 전환율이란 광고를 본 사람 중에 직접 구매로 이어진 비율을 말하고, 이메일 오픈율은 발송한 이메일 숫자 대비 메일을 열어본 사람의 비율을 말한다. 디지털 마케팅이 일반화되면서 마케팅 성과 측정은 예전보다 더 쉬워졌고 관련 지표들도 많이 만들어지고 있다. 페이스북 광고나 구글 광고 등을 집행할 때 보이는 클릭당 광고비CPC: Cost Per Click나 1,000번 노출당 광고비를 뜻하는

CPM_{Cost per mille}과 같은 지표도 여기에 해당한다.

중요한 것은 마케팅 활동의 성과를 어떤 방식으로 든 측정하려는 의지라고 생각한다. 피터 드러커가 남긴 명언처럼 측정할 수 없으면 관리할 수 없고, 관리할 수 없으면 개선할 수 없다. 게다가 성과에 대한 고민은 일의 군더더기를 제거하는 효과를 가져온다. 즉 비효율적이면서 성과는 적은 일이 무엇인지를 구분할 수 있게 된다.

🗨 마케팅 성과를 측정하는 기준을 마련한다.

13

마케팅 기획 과정이
말해주는 것

지금까지 마케팅 기획서의 일반적인 흐름을 통해 마케팅 기획의 과정을 살펴보았다. 서두에서도 강조했지만 마케팅 기획은 시장을 이해하고 전략을 수립해 실무로 이어지는 마케터의 생각 과정으로서 논리적인 흐름을 가져야 한다. 그럼 마케팅 기획 과정을 최종적으로 정리해보자.

1. 소비 환경과 트렌드 분석을 통해 사회 흐름을 파악하고 기회와 위협 요인을 감지한다. 자사와 경쟁사의 강점과 약점을 파악해 최적의 시나리오를 구상한다.

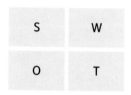

2. 시장 세분화를 통해 새로운 시장 가능성을 파악하고, 그중 가장 적절한 시장을 선택해 그곳의 다른 경쟁자와 차별되는 가치를 제시하는 마케팅 콘셉트를 도출한다.

나의 첫 마케팅 수업

3. 마케팅 콘셉트를 제품, 가격, 유통, 프로모션에 적용해 콘셉트력을 높인다.

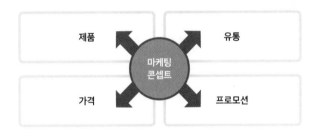

4. 마케팅 콘셉트에 따라 메시지의 우선순위를 정리하고 표현 방식을 결정한다. 마케팅 실행 아이템을 선정하고 진행 일정을 계획한다.

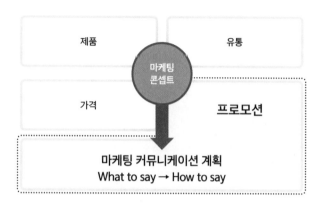

5. 소요 예산 대비 기대 성과를 측정할 수 있는 지표를 개발하고 적정 예산을 계획한다.

💬 마케팅 기획의 흐름을 이해한다.

10단계로 마케팅 기획 이해하기 🔍 ⋮

1. 마케팅 기획의 시작은 소비 흐름을 파악하는 일이다.

2. 마케팅 기획에서 트렌드는 분석의 대상이지 무조건
   적인 수용 대상이 아니다.

3. 승리하는 기획은 객관적인 전력 분석에서 나온다.

4. 강점과 기회가 만나는 행운은 자주 찾아오지 않는다.

5. 시장 세분화 기준에 따라 새로운 시장이 발견된다.

6. 콘셉트의 힘은 필요성, 차별성, 유형성의 곱이다.

7. 4P는 마케팅 콘셉트를 구체화하는 도구다.

8. 콘셉트와 메시지 사이에는 일관성이 있어야 한다.

9. 마케팅 커뮤니케이션의 아이템과 진행 순서는 필연
   적이어야 한다.

10. 모든 마케팅 기획에는 성과를 측정할 수 있는 기준
    이 있어야 한다.

5장

마케터의 경쟁력을 높이는
7가지 공부법

MARKETING

01

자신만의
마케팅 북마크를 만든다

    마케터는 주어진 업무를 해내는 것을 넘어 자기 분야의 전문성을 끌어올리고 시장에 대한 감각을 유지해야 한다. 일을 하면서 전문성을 기르는 것이 버겁게 느껴질 수 있겠지만, 일터가 곧 자신의 경쟁력을 키워줄 학습의 장이 된다면 꽤 해볼 만한 도전이 될 수도 있다. 그런데 회사는 학교와 달라서 체계적으로 직무에 필요한 지식을 가르쳐주지 않는다. 상사가 선생님처럼 업무 시간을 할애해 차근차근 배움의 길로 인도해주길 원한다면 월급을 받는 것이 아니라 학비를 내고 회사에 다녀야 할 것이다.

마케터로서 한 단계 더 성장하기 위해서는 경쟁력을 키워줄 자신만의 공부법을 만들어야 한다. 3장에서 언급했듯이 업무를 기록하고 피드백하며 회사에서 발생하는 데이터를 분석하고 이해하는 것은 기본이다. 거기에 마케팅 MBA 부럽지 않은 지식과 정보를 더하려면 자신만의 정보원과 자료 수집 방식을 개발할 필요가 있다. 처음 회사에 들어가서 어느 정도 업무에 익숙해지면 조직에서 인정받는 사람들에게 주로 어디에서 정보를 얻는지 물어보는 것도 매우 도움이 된다. 보통 업력이 쌓인 마케터들은 일상적으로 정보를 수집하는 자신만의 북마크가 있다.

다음에서는 업종과 규모에 따라 다르겠지만 자신만의 마케팅 북마크를 만들 때 참고하면 좋을 만한 기초적인 마케팅 정보 채널과 활용 방법을 알아보자.

○ 마케팅 지식과 정보를 일상적으로 얻을 수 있는 방법을 만든다.

나의 첫 마케팅 수업

공공 데이터로
시장 분석을 시작한다

마케터에게 가장 필요한 기초 정보는 시장 현황에 관한 자료다. 당장 같은 지역에 비슷한 업종이 얼마나 있는지, 사람들의 소비 패턴이 어떻게 변하고 있는지 등에 대한 기초적인 자료를 얻으려면 어떻게 해야 할까. 의외로 이런 자료들은 공공 데이터로 공개되어 있는데, 대표적인 곳이 통계청 사이트다.

통계청 사이트에서는 인구·가구, 고용, 물가·가계, 산업 활동, 도소매·서비스, 경기·기업 경영 등 국내 전반에 대한 대부분의 통계 자료를 공개한다. 우리가 뉴스에서 접하는 소비자 동향과 같은 정보의 출처도 통

통계청 사이트 화면

계청인 경우가 많다. 통계청 자료는 엑셀 파일로 내려

받을 수 있는 데다 자체적인 분석 자료도 많아 시장에

대한 이해와 분석이 필요한 마케터에게 매우 유용하다.

한편, 경쟁사의 사업 현황이나 경영 상태에 대한

분석이 필요하다면 전자 공시 시스템dart.fss.or.kr을 활용

하자. 통상 DART로 불리는 이 시스템은 금융감독원

이 운영하는 경영 상태 공시 사이트다. 일정 규모 이상의 회사는 DART에 운영 상태를 공시하게 되어 있어 해당 회사의 사업 보고서와 반기, 분기 보고서 등을 손쉽게 조회할 수 있다. 물론 해당 문서를 제대로 이해하려면 기업의 재무 상태나 경영 성과를 정리한 재무제표 읽는 연습을 먼저 하는 것이 좋다.

전자 공시 시스템 화면

공공 데이터 활용에 익숙해지자.

공개된 보고서를 참고해
산업 분야 이슈를 정리한다

시장에 대한 최근 이슈를 파악하고 싶다면 기업 연구소나 기관 등에서 공개하는 보고서를 참고하는 것도 하나의 방법이다. 국내 대기업의 경우 자체 연구소를 설립해 운영하는 경우가 많은데 그중 일부는 일반인에게도 정보를 공유하고 있다. 민간 연구소 중에는 LG경제연구원lgeri.com, 현대경제연구원hri.co.kr 등이 있으며 경제 정책에 대한 부분은 KDI 한국개발연구원kdi.re.kr에서 꾸준히 보고서를 공개해 정책의 취지와 방향에 관한 정보를 제공한다.

금융 회사들의 리포트도 참고할 만하다. 증권사에

서 제공하는 리포트는 목적이 투자 분석에 있긴 하지만 업데이트 주기가 빠르고 일목요연해서 산업과 경제 분석뿐만 아니라 개별 기업에 대한 이슈를 정리할 때도 참고하기 좋다(금융 회사 리포트는 포털 사이트에서 쉽게 확인할 수 있다).

이 밖에 소속 산업 분야에 진흥공사나 진흥원이 있다면 북마크에 추가하자. 수출 관련 사업을 지원하

네이버 금융 리서치 페이지

NAVER 금융	종목명·지수명·펀드명·환율명·원자재명 입력		🔍 통합검색

| 금융 홈 | 국내증시 | 해외증시 | 시장지표 | 펀드 | 리서치 | 뉴스 | MY |

리서치

- | 시황정보 리포트
- | 투자정보 리포트
- | 종목분석 리포트
- | 산업분석 리포트
- | 경제분석 리포트
- | 채권분석 리포트

KRX 전자공시
상장법인 지분정보
📄 아크로뱃 다운로드

종목분석 리포트

기업	제목	증권사
금호석유	흔들릴 필요 없다. Keep Going	키움증권
SK하이닉스	예상 보다 부진한 서버 수요와 서버 DRAM 가격	키움증권
대림산업	분할을 주목할 이슈	교보증권
파크시스템..	온라인 IR 참석 이후 느낀 점	하나금융투자
대림산업	소액주주 가치가 제고된 것인가	DB금융투자
LG디스플레..	확신은 더 커간다	DB금융투자

산업분석 리포트

산업	제목	증권사
유통	Daily 코멘트 및 뉴스 업데이트	미래에셋대우
유틸리티	유틸리티 Weekly	하나금융투자
석유화학	미국 중고차 시장의 호황, 컨택트 관련 수요 회복의 ..	하나금융투자
반도체	Foundry 1위 공급사 TSMC의 8월 매출 시사점	하나금융투자
은행	연체잔액 16개월째 감소	케이프투자증권
기타	(신재생에너지)페로브스카이트 태양전지가 향후 시장 ..	NICE평가정보

는 대한무역투자진흥공사kotra.or.kr나 콘텐츠 사업을 지원하는 한국콘텐츠진흥원kocca.kr의 경우를 보면, 각각 해외 시장과 콘텐츠 시장에 특화된 뉴스와 보고서를 제공하고 있어 산업을 이해하는 데 도움이 된다.

🗨 보고서를 주기적으로 참고해 이슈를 정리한다.

챙겨야 할 뉴스는
알림과 스크랩으로 관리한다

주요 일간지와 주간지 등을 꾸준히 읽는다면 더 없이 좋겠지만, 실무에 쫓긴다면 우선 챙겨야 할 뉴스는 알림과 스크랩으로 관리하는 것도 좋다. 구글 계정이 있으면 구글에서 제공하는 알리미 서비스google.co.kr/alerts에 지속적으로 모니터할 키워드를 입력하고 출처를 '뉴스'로 설정하면 수신 빈도에 따라 알아서 해당 키워드가 들어간 뉴스만 정리해 메일로 보내준다. 하루에 한 번이나 일주일에 한 번 정도로 주기를 정해 받은 뉴스를 열람하고, 그중에 활용 가치가 있는 정보는 '에버노트evernote.com' 등의 스크랩 서비스를 이용해 저

구글 알리미 서비스로 여행 산업 관련 뉴스 알림을 설정한 예시

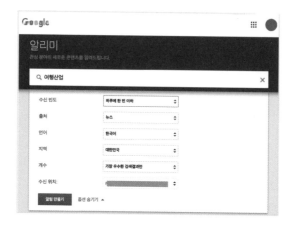

'에버노트' 서비스 화면

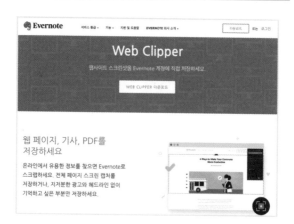

장해두었다가 아이디어가 필요할 때마다 꺼내어 볼 수 있다. 참고로 구글 알리미 서비스는 구글 이메일 계정만 있으면 무료로 사용할 수 있다. 에버노트는 월 60메가의 기본 용량을 무료로 제공하며, 무료 사용의 경우 장치 두 개까지 연동이 가능하다.

💬 주요 뉴스를 수집할 수 있는 시스템을 만든다.

검색량으로
관심도를 확인한다

디지털 환경이 일상화된 현재, 사람들의 관심사는 검색어에 반영된다. 따라서 사람들의 관심사를 점검하는 좋은 습관 중 하나가 포털 사이트의 검색량을 확인하는 것이다. 국내외의 거의 모든 대형 포털 사이트는 관련 서비스를 제공하고 있다. 국내 사용자가 가장 많은 네이버는 '네이버 데이터 랩datalab.naver.com'을 통해 검색어 트렌드를 성별, 연령 및 모바일과 PC 환경으로 구분해 제공한다. 전 세계에서 사용자가 가장 많은 구글도 '구글 트렌드trends.google.co.kr'를 통해 유사한 서비스를 제공하고 있다.

> **네이버 검색어 트렌드에서 '영어회화' 키워드를 검색한 결과.
> 매년 1월이 관심도가 가장 높다.**

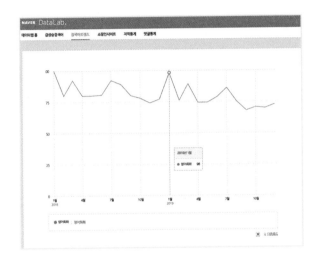

검색어 트렌드를 활용하면 특정 키워드에 대한 주기적인 관심도나 새로운 키워드에 대한 관심 등을 입체적으로 유추해볼 수 있다. 예를 들어 '영어회화'라는 키워드 검색을 분석해보면 매년 1월에 해당 키워드에 대한 관심이 가장 높다는 것을 알 수 있다. 이것은 영어회화가 새해 계획으로 매년 등장하는 화두 중 하나

두 개의 키워드를 비교 분석한 결과, 2019년 1월을 기점으로
관광 트렌드가 태국에서 베트남으로 완전히 넘어갔음을 알 수 있다.

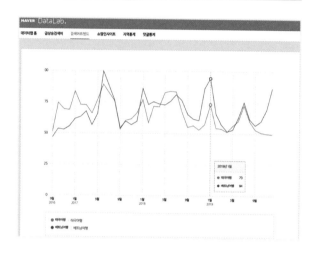

라는 것을 의미한다.

한편, 검색 키워드를 비교 분석하면 관심사의 변동도 확인할 수 있다. 위의 그림과 같이 2016년과 2019년 사이 태국여행과 베트남여행의 검색어 트렌드를 비교해보면 2019년을 기점으로 동남아 관광의 트렌드가 태국에서 베트남으로 이동했음을 알 수 있다.

나의 첫 마케팅 수업

이처럼 검색어 트렌드를 활용하면 소비자의 관심사 변화를 손쉽게 유추해볼 수 있다.

💬 검색어 트렌드로 소비자의 관심사를 확인한다.

06 새로운 마케팅 용어는
그때그때 정리한다

마케팅 현장에서는 전문 용어가 많이 쓰인다. 특히나 영어로 된 용어와 줄임말이 많다. 마케팅이라는 학문이 영미권에서 태동하기도 했고, 여느 분야와 마찬가지로 의사소통을 빨리 하려다 보니 자연스레 약어와 전문 용어가 끊임없이 생긴다. 그런 것들을 모른다고 위축되거나 겁먹을 필요 없이 그때그때 그 의미를 정확히 알고 익혀두면 된다. 특히나 회사에서 자주 쓰는 용어들은 따로 정리해놓으면 두고두고 쓸모가 많다. 이때 중요한 것은 정확한 의미를 아는 것이다. 어설프게 알고 사용하는 용어는 독이 된다. 특히 디지털 마케

나의 첫 마케팅 수업

팅 분야는 지표와 관련된 약어가 많은데 몇 가지만 정리해두면 다음과 같다.

- CPM Cost Per Mile: 광고를 1,000회 노출할 때 들어가는 비용.
- CPC Cost Per Click: 클릭당 들어가는 광고 비용.
- CPV Cost Per View: 광고를 재생할 때마다 드는 비용.
- CTC Click Through Conversion rate: 광고를 클릭해서 구매한 비율.
- CTR Click Through Rate: 광고를 실제로 클릭한 비율.
- CAC Customer Acquisition Cost: 신규 고객 한 명을 유치하기 위해 들어간 비용.
- PU Paying User: 유료 결제를 한 사용자의 수.
- ROI Return On Investment: 투자 대비 수익률.
- UV Unique Visitor: 특정 기간에 1회 이상 방문한 사용자의 수.

마케팅 용어는 정확한 의미를 확인해 정리한다.

깊고 넓은 독서로
전문성을 갖춘다

마케팅은 변화가 빠른 분야다. 그러다 보니 마케팅에도 유행이 생긴다. 어제까지 입소문 마케팅이 대세라고 하다가 오늘부터는 콘텐츠 마케팅이 뜬다고 한다. 변화의 흐름에 대한 이해는 필요하지만 그 변화에 휩쓸려 가는 것은 바람직하지 않다. 마케터는 시장에 대한 자기만의 철학이 있어야 한다. 그러기 위해서는 변화 속에서도 변하지 않는 것이 무엇인지를 고민해야 한다.

마케팅 트렌드의 변화는 대부분 소비자가 새로운 채널로 옮겨 가면서 고객을 설득할 새로운 대안이 필요할 때 발생한다. 최근 10년간의 마케팅 변화는 디지털 환경으로의 전환, 모바일 등장, SNS 탄생과 같은 기술적 격변과 무관하지 않다. 그때마다 마케팅은 새로운 환경을 앞세우고 기존의 마케팅을 부정해왔다. SNS 마케팅, 블로그 마케팅, 유튜브 마케팅으로의 전환이 그렇다. 포털이 생기면서 검색 마케팅이 주류를 이뤘고, 단순 노출의 효과가 정체되자 콘텐츠에 대한 중요성이 강조되기 시작했다. 하지만 한 걸음 떨어져 생각해보면 도구가 바뀌었을 뿐 마케팅의 본질은 그대로이다. 마케터는 언제나 소비자와 만나고 싶어 하고 그들의 욕구를 알고 싶어 한다. 다만 그 수단이 오프라인에서 온라인으로, 텍스트에서 영상으로 시대의 발전과 함께 옮겨 갔을 뿐 마케터 본연의 역할이 바뀐 것은 아니다.

가끔 마케팅에 대해 무엇부터 공부해야 할지 모르겠다는 질문을 받으면 '원론'과 '사람'을 이해해야 한다고 대답한다. 마케팅이 왜 생겼고 어디로 가고 있는지를 알며 마케팅의 가장 중요한 대상인 소비자를 이해하는 것이 핵심이기 때문이다.

한편 독서를 통해 마케팅을 공부하는 것은 효율적인 일이다. 책은 잘 정제된 콘텐츠이기 때문에 처음 마케팅을 시작한다면 '마케팅 원론'을 출발점으로 삼을 것을 권한다. 마케팅 원론을 이야기하는 책은 다양하지만 개인적으로는 마케팅을 학문적으로 완성한 필립 코틀러의 『Kotler의 마케팅 원리』를 추천한다. 원론과 더불어 마케팅의 흐름이 어디로 가고 있는지 알고 싶다면 같은 저자가 쓴 『필립 코틀러의 마켓 4.0』이 도움이 된다. 마케팅의 개념을 정립한 필립 코틀러가 시대적 변화에 따라 기존의 틀을 깨는 과정에서 무엇을 지키고 무엇을 버려야 하는지 생각해보게 한다. 원론을 통해 마케팅에 대한 개념이 잘 잡혔다면 새로운 마케팅 개념과 유형을 소개하는 다양한 책들로 영역을 확대하는 것이 좋다.

마케터에게 마케팅 지식과 함께 필요한 것은 사람에 대한 이해다. 사람들이 왜 소비를 하는지에 대한 고찰이 마케팅의 근원이기 때문이다. 그래서 심리와 설득, 인문 사회 분야의 폭넓은 독서를 통해 사람에 대한 이해를 넓히는 것이 중요하다. 소스타인 베블런의 『유한계급론』이나 장 보드리야르의 『소비의 사회』 같은 책은 소비에 대한 인문학적 통찰을 경험하는 데 도움이 될 수 있고, 로버트 치알디니의 『설득의 심리학』이나 행동 경제학 분야의 스테디셀러 『넛지』와 같은 책은 사람의 심리가 어떻게 마케팅과 연결될 수 있는지에 대한 구체적이고 흥미로운 예시를 제시한다.

> 독서를 통해 마케팅에 뿌리를 두고 사람에 대한 이해를 넓힌다.

#마케팅 원론

『Kotler의 마케팅 원리』 필립 코틀러 · 개리 암스트롱 지음

경영학과 학부생의 마케팅 교과서로서 마케팅의 큰 그림과 주요 개념을 정리할 수 있다. 곁에 두고 1년에 한 번씩 다시 본다면 점점 깊이가 달라진 나를 느낄 수 있을 것이다.

『필립 코틀러의 마켓 4.0』 필립 코틀러 · 허마원 카타자야 · 이완 세티아완 지음

디지털과 SNS에 의해 격변한 새로운 시대의 마케팅 관점을 제시한다. 고전 마케팅의 개념을 정립했던 저자의 유연함을 통해 변해야 할 것과 변하지 말아야 할 것이 무엇인지 정리해볼 수 있다.

#마케팅의 고전

『포지셔닝』 알 리스 · 잭 트라우트 지음

마케팅 전략의 핵심 개념인 포지셔닝에 대해 소개한 고전이다. 마케팅의 성패가 왜 제품과 서비스가 아닌 고객의 마음에 달렸는지를 알게 해준다.

『마케팅 불변의 법칙』 알 리스 · 잭 트라우트 지음

마케팅 전략의 『손자병법』과 같은 책이다. 지금도 여전히 시장에 유효한 22가지 전략을 통해 마케팅 전쟁에서 실패하지 않는 원칙을 생각해볼 수 있다.

#차별화 전략

『블루오션 전략』 김위찬 · 르네 마보안 지음

경쟁자가 없는 푸른 바다를 찾으라는 블루오션 전략의 핵심은 차별화다. 남보다 나은 것이 아닌 남들과 다른 무언가가 필요한 마케터에게 이 책은 훌륭한 지침서가 된다.

#입소문 마케팅

『컨테이저스: 전략적 입소문』 조나 버거 지음

소셜 미디어의 패러다임 안에서 입소문을 만들어내는 원칙을 제시한 책이다. 디지털 네이티브를 공략하는 전략적 방법과 원칙을 이해하는 데 도움을 준다.

#메시지와 스토리텔링

『스틱!』 칩 히스 · 댄 히스 지음

모든 마케터가 천재적인 카피라이터가 될 수는 없지만, 탁월한 메시지가 만들어지는 방법을 이해한다면 마케팅 글쓰기의 고수가 될 수 있다.

#콘텐츠 마케팅

『킬링 마케팅』 조 풀리지 · 로버트 로즈 지음

이야기가 중요한 시대에 콘텐츠 마케팅에 대한 전략을 다룬 책이다. 불특정 다수가 아닌 자신만의 예비 고객을 만들고자 한다면 읽어봐도 좋다.

#설득 심리

『설득의 심리학』 로버트 치알디니 지음

마케팅과 심리학은 동전의 양면과 같다. 사람의 심리에 대한 이해는 마케터를 한 단계 높은 수준으로 이끄는 첫 단추다. 설득 심리의 여섯 가지 기본 법칙을 통해 사람의 마음을 사로잡는 방법을 생각해볼 수 있다.

『넛지』 리처드 H. 탈러 · 캐스 R. 선스타인 지음

타인의 선택을 설계할 수 있을까? 이 책은 자연스럽게 행동을 유도하는 방법이 무엇인지 쉽고 재미있는 사례로 설명한다. 마케팅 캠페인에 소비자가 거부감 없이 참여하길 바란다면 이 책은 한 줄기 빛이 될 수 있다.

#브랜드

『브랜드 매니지먼트』 케빈 레인 켈러 지음

방대하고 두껍다. 선뜻 내키지 않겠지만 브랜드 전략에 대한 탄탄한 기본기를 다지고 싶다면 시간을 들여 완독할 가치가 있는 브랜드 전략의 교과서다.

『데이비드 아커의 브랜드 경영』 데이비드 아커 지음

브랜드를 학문 수준으로 정립했다고 평가받는 데이비드 아커의 대표작이다. 브랜드 자산과 브랜드 정체성이 경영 전략과 어떻게 결합될 수 있는지 확인할 수 있다.

#소비에 대한 인문학적 고찰

『소비의 사회』 장 보드리야르 지음

마케팅은 소비하는 사람에 대한 활동이다. 사람은 왜 소비를 하고, 소비가 사회에서 어떤 의미를 가지는지 생각해본다면 마케팅의 심연에 다가갈 수 있을 것이다.

#과시적 소비의 근원

『유한계급론』 소스타인 베블런 지음

베블런 효과로 유명한 저자는 이 책에서 소비의 비합리성 원인을 예리하게 살핀다. 비쌀수록 더 팔리는 이유가 궁금하다면 정독해보자.

#선전과 홍보의 고전

『프로파간다』 에드워드 버네이스 지음

현대 PR(홍보)의 아버지, 에드워드 버네이스의 대표작이다. 1차 세계대전 이후 선전과 선동의 역사와 현대 PR의 뿌리를 확인할 수 있다.

마케터의 경쟁력을 높여주는 공부법 Q ⋮

1. 마케팅 지식과 정보를 일상적으로 얻을 수 있는 자신만의 북마크를 만든다.

2. 공공 데이터로 시장을 분석한다.

3. 공개 보고서를 참고해 산업 이슈를 정리한다.

4. 알림과 스크랩 기능을 활용해 주요 뉴스를 수집한다.

5. 검색어 트렌드 분석으로 시장의 관심도를 살펴본다.

6. 새로운 마케팅 용어는 정확한 의미를 파악해 정리한다.

7. 독서를 통해 마케팅 원칙과 사람에 대한 이해를 넓힌다.

나의 첫 마케팅 수업

2021년 1월 8일 1판 1쇄 인쇄
2021년 1월 20일 1판 1쇄 발행

지은이　박주훈
펴낸이　한기호
책임편집　유태선
편집　도은숙, 정안나, 염경원, 김미향, 김민지
디자인　늦봄
마케팅　윤수연
경영지원　국순근
펴낸곳　북바이북
　　　　출판등록 2009년 5월 12일 제313-2009-100호
　　　　주소　04029 서울시 마포구 동교로12안길 14, 2층(서교동, 삼성빌딩 A)
　　　　전화　02-336-5675 팩스 02-337-5347
　　　　이메일 kpm@kpm21.co.kr
　　　　홈페이지 www.kpm21.co.kr

ISBN 979-11-90812-11-5 03320

・북바이북은 한국출판마케팅연구소의 임프린트입니다.
・책값은 뒤표지에 있습니다.